湛庐

与最聪明的人共同进化

CHEERS

HERE COMES EVERYBODY

制重造塑业

实践篇

[美] 理查德·洛克
Richard M. Locke

[美] 瑞秋·威尔豪森
Rachel L. Wellhausen

编著

廖丽华　　译

PRODUCTION IN THE INNOVATION ECONOMY

浙江教育出版社·杭州

目 录

为了保证美国现有的体制能够满足制造业的人才技术要求，需要加强劳动力市场的媒介作用，提高社区大学和高中的教育水平，降低制造业的就业风险，来把年轻人吸引到这一行业。要使这些步骤行之有效，用人单位也要承担相应的责任。

3 创新的培育
市场化过程中面临的资源难题 /085

高科技新创企业不断涌现，它们开创了一个创新新模式，这些新创企业在开发新技术、进入全球化市场的过程中，必须寻找互补资源。这些企业在美国面临的创新生态环境让它们在企业发展的关键时期到海外去寻找互补资源，国内的融资环境不畅，海外市场和客户的需求增长快，国内缺乏规模生产的资源，这些都成了促使企业向海外看的推手。

4 低碳社会
建立新型能源创新体系的实践 /113

如果想要让人类能够避免气候变化带来的最坏影响，同时又享有充足、稳定、价格合理的能源，美国必须在能源创新中发挥领导作用，进行技术、商业模式、公共政策和监管机构创新，从根本上改变现有的能源生产、输送和使用方式。美国必须建立一个能够迎接这些挑战的创新体系，现在做的还远远不够。

5 从创新到制造
中国建立新型能源体系的实践 /141

中国企业并不是一味依靠生产要素低廉和补贴来取得在高科技生产制造业上的成就的，尤其是在风能和太阳能等新兴能源领域。中国在创新制造业方面独辟蹊径，能够很快把复杂的产品构想转化为可以大规模生产的产品，正是透过这种能力，我们看到了创新和制造之间的密切关系。

6 全球竞争
复杂产品系统的重要性 /173

对所有从事复杂产品系统的企业来说，要从国际市场退回本土市场是不可能的。在核能技术产业中，参与竞争的企业，不管是中国的、韩国的、法国的、还是美国的，都没有哪家缩小活动范围，把活动重心转回本国国内，取消跨国合作的，因为这不是企业发展壮大之道。

7 离岸与在岸
企业如何决定在哪里生产 /207

离岸还是在岸，对企业来说是重大的战略性问题，对公共政策来说也是如此。这些问题对所有企业都是关键性的。离岸还是在岸不是一个单独因素决定的，企业要面面俱到，尤其要考虑创新因素。通过产品多样化，创新发挥的作用会越来越大，企业在岸生产的优势就会越来越多。

8 智造未来
7 类科技如何影响先进制造业 /231

7 类新科技会对 21 世纪初的制造业做出积极贡献，可能会给我们带来现在还没有的新产品。开发全新的产品和服务的机会也不断涌现，让我们进一步提高生产力，一种改变整个生产制造现状的全新流程即将来临。

如何将创新和生产制造在实践中相结合？
扫码下载"湛庐阅读"APP，
搜索"重塑制造业（实践篇）"，
开始测试。

PRODUCTION IN THE INNOVATION ECONOMY

引 言

制造业对整体经济的重要性

理查德·洛克　　瑞秋·威尔豪森

　　一个国家的人要生活得好，就必须生产得好。制造业要具备什么能力才能让整个经济保持现有的创新水平，又要具备什么能力才能提升现有的创新水平？

　　"一个国家的人要生活得好，就必须生产得好。"这句话是 1989 年出版的《美国制造》（*Made in America*）的开场白，这句写在 20 多年前的话，现在也正适得其所。20 世纪 80 年代末期，在《美国制造》的写作期间，美国制造业因生产力及产品质量低下使得其国际竞争力下降。20 多年后的今天，美国制造业和外国竞争对手在效率和质量上几乎没有差距，但是美国制造业企业又面临着另一场危机，在这场危机中，大量的就业机会消失了，有些产业甚至面临着生死存亡的考验。在 2007 年 12 月到 2009 年 6 月间，超过 200 万个制造业岗位从美国经济中消失了，占整个国家制造业岗位的 15%。几千家企业要么申请破产，要么大幅削减营运规模，只把企业最基本的框架保留下来，因为只有这样它们才能撑过这场危机。失业率不断攀升，越来越多的企业倒闭，面对这一切，很多人在思考：什么样的措施能够力挽狂澜，扭转颓势，使经济蓬勃发展，新的就业机会不断诞生。

　　为了解决这个迫在眉睫的问题，很多学者和政府官员展开了一系列旨在深入了解美国制造业现状的研究，他们想知道是否可以重振制造业，让它再次为美国人民创造出千百万个高工资的岗位。这些研究报告提出了大量政策建议，包括税法和贸易规则改革、教育制度改革、知识产权改革、对现有的金融体制及移民政策进行彻底改变等，林林总总，不一而足。在麻省理工学院校长苏珊·霍克菲尔德（Susan Hockfield）的支持下，创新经济生产委员会（简称 PIE 委员会）于 2010 年成立了。这个委员会的任务是要解决这个急需答案的问题。它的研究方法独树一帜。制造业是否能够创造新职位不是 PIE 委员会的研究重心，甚至不是它的主要着眼点之一，PIE 委员会研究的问题是：制造业要具备什么能力才能让整个经济保持现有的创新水平，又要具备什么能力才能提升现有的创新水平？

麻省理工学院的罗伯特·索洛（Robert Solow）和同事们的研究指出，就业机会是和经济发展联系在一起的，而经济发展又是生产力提高和新产品、新服务、新商业模式发展的产物，这个观点就是 PIE 委员会研究项目的理论基础。此外，生产力的提高，新产品、新服务和新商业模式又都是创新的成果。因此 PIE 委员会这个项目的研究核心是创新，以及创新和制造业的关系：现存企业车间里的生产能力，实验室及研发中心开发新产品、新服务的能力，两者的结合不但会孕育出新企业、新产业，还会使现有的商业模式焕然一新。PIE 委员会追问的另一个问题和第一个问题密切相关：在全球化经济中，把企业的各项运作分散到不同的地理位置虽然牺牲了本国工人的利益，但能够为股东创造出巨大的价值，在这种情况下，且不说提高，怎样才能保持本国的制造业生产能力？

本书和它的姊妹篇，苏珊娜·伯杰（Suzanne Berger）的《重塑制造业》（*Making in America*）一道，对麻省理工学院 PIE 委员会为期两年的研究做了汇报、总结。这两本书都是麻省理工学院跨学科研究团队的研究成果。这支研究团队由来自工程系、科学系、管理系和社会科学系的 20 多位教授组成，还有各学科的博士、博士后研究员。PIE 委员会用独立设计的问卷对成熟制造业企业、新创企业和从事制造业相关研究的研究人员进行了问卷调查。此外，研究团队成员还以个人身份参与了很多活动，其中包括美国政府的先进制造业伙伴计划（Advanced Manufacturing Partnership）和其他区域性比较强的活动。在参加这些活动的过程中，我们对本项目的构想进行了测试，为构想找到了有力的支持，证明了我们对美国经济面临的挑战的评估是正确的。

PIE 委员会花了两年时间，采访了美国、德国、日本和中国的制造业企业领导者，这也是研究工作最重要的组成部分。团队还对 3 596 家有影响力的美国中小型制造业企业进行了调查，这些企业入选的标准是在 2004 年到 2008 年间营业收入翻了一番，而且平安度过了金融危机（详见本书姊妹篇《重塑制造业》）。为了揭示这些"活下来"的企业在何种程度上注重创新，以及需要什么资源来支持这些创新活动，PIE 委员会采访了位于马萨诸塞州、俄亥俄州、亚利桑那州和佐治亚州的 107 家企业。此外，团队还在美国各地拜访了大中型成熟企业的高级管理人员。我们的采访对象既有中西部的家庭式小企业主，也有成功的大企业总裁和科技研究人员，他们都认为创新和生产能力之间的联系至关重要。

本书的重点是从创新的角度论述，为什么制造业对美国经济来说仍然至关重要。我们认为，从整体来看，生产制造是一个和创新紧密相连的过程。要生产新产品，就必须要有很快制出原型机的能力；设计师必须能够和车间操作人员反复切磋；还要有优化生产流程，把创新产品和服务快速推向市场的能力；产品投放市场后，还要对产品不断进行渐进式的创新，这种创新包括配合产品推出相关服务，或把新产品和服务打包提供给客户。没有这些生产制造能力，企业、产业甚至整个国家就无法充分发挥创新能力。因此，生产制造资源和制造业企业留在美国对美国的创新经济至关重要。过去，以贝尔实验室为代表的创新活动都是在垂直一体化的大企业内部进行的，创新和生产制造在大企业内部共存，详见乔恩·格特纳（Jon Gertner）的《贝尔实验室与美国革新大时代》（*The Idea Factory: Bell Labs and the Great Age of American Innovation*）。现在的经济形势变了，企业都在"瘦身"，专注于"核心优势"，过去的内部资源现在由企业外部的供应商提供，这些供应商通常在不同地理位置的"生态环境"中和企业比邻而居。无论是大型企业还是小型企业，无论是成熟企业还是新创企业，都依赖于"生态环境"来促进创新和生产制造之间的联系。

此外，生产制造资源往往不被国境线所局限。有观点认为，企业在哪里找到所需的生产制造资源并不重要。还有观点认为，当企业在外国学到了先进的技术，带回自己的国家加以应用时，才真正把学到的东西变成了自己的，这才是最重要的。如果企业所在地没有相应的生态系统，企业就不能很好地把从外国制造业企业那里学来的知识应用到总部的研发活动中。换句话说，在当今的全球化经济里，本地资源及生态系统也是很重要的。从政治经济学的角度来看，政府想要发展制造业生产能力，就要加强生态系统建设，这样才能利用创新造福社会，带动制造业发展。富饶的本地生态系统能让企业充分挖掘创新及生产潜能，为经济发展做贡献。

在本篇接下来的篇幅里，第一，我们要讨论为什么在美国这个发达国家，制造业仍旧重要。第二，我们要对创新和生产制造如何在实践中结合进行详尽的说明。我们还会介绍企业内外、美国内外的生产制造生态系统如何为企业的创新能力提供资源。对于这些讨论，我们还会提出政策上的建议作为总结。

为什么制造业仍然举足轻重

美国制造业为何衰退到如此地步？现在最为大家所接受的解释有两个，虽南辕北辙，但各有支持者。

第一个解释是，制造业生产力的提高会导致制造业在美国"自然"地走向没落。这个自然衰退论来源于澳大利亚经济学家科林·克拉克（Colin Clark），他称之为"一个覆盖面很广的简单定律"。

> 随着经济发展，从事农业生产的人数会下降，从事工业生产的人数会上升，而经济再往前发展，从事制造业的人数又会下降，从事服务业的人数又会上升。

这套理论先是用来解释美国农业就业人数下降的现象，现在又用来解释制造业就业人数大幅下降的现象——根据美国劳工统计局 2012 年的数据，制造业就业人数在 1980 年占劳动人口的 22.1%，而到了 2011 年，这个比例变成了 10.2%。

但是，最新的研究成果让我们不能对这套理论照单全收，美国制造业就业比例下降幅度这么大，其中有多少是生产力提高的必然结果呢？不少学者都对这套理论提出了质疑。更重要的是，当我们把目光投向美国以外时，就知道在现代社会，工业必须缩减成整个经济中很小一部分的理论并不成立。以德国为例，现在仍有将近 20% 的劳动人口从事工业生产，同时还有很大的贸易顺差。日本也有将近 17% 的劳动人口受雇于制造业。而根据美国劳工统计局 2012 年的数据，出口大国意大利也有 19% 的劳动力人口从事工业活动。生产率的提高和经济的自然发展是强有力的解释，但是有些疑虑是它解释不了的，因为即使是在一个以服务业为主导、以创新为基础的经济体系中，制造能力的丧失也是一个很大的问题。

第二个解释是，由于经济全球化，失去的生产制造能力会以别的方式得到补偿。在常规的相对竞争优势理论上，雷蒙德·弗农（Raymond Vernon）在 1966 年加上了产品生命周期理论，2012 年，加里·皮萨诺（Gary P. Pisano）和威利·史（Willy C. Shih）也再次进行了论证。在新产品生产的第一阶段，产品刚刚从原型机转入大规模生产，整个生产流程还非常复杂，初期生产需要在研发工程师的监督下进行。生产流程刚建立的复杂性和出于保护知识产权的考虑，这两个因素让早期生产活动不能转移到国外。但是，这个理论告诉我们，当生产流程变得标准化时，生产制造活动就会向低成本国家转移。随着外国厂商生产能力的不断提升，产品活动会沿着产品开发的曲线，向新产品开发的"核心阶段"移动。这就解释了为什么美国企业把产品开发的前期活动、设计和原型机的建造保留在美国，但越来越多地把大规模生产搬迁到成本低、生产能力比美国强的地区去。

然而，我们接触到的制造业企业，无论规模大小，都告诉我们，整个产品周期的每一阶段都可能有创新的机会，并不局限于产品开发的前期阶段。在本书中，不同的作者会从不同的角度展示：创新不仅仅发生在产品开发、设计期间，整个价值链的每一处都蕴藏着丰富的创新机会，它可以发生在车间里，也可以发生在和客户的反复交流中，很多时候，创新不是一个崭新产品的诞生，而是现有的产品被赋予了新的用途。每一个产业的创新和生产模式都不同，甚至每一家企业都有自己独特的模式。但在国际劳动分工中，已经出现了一个固定的模式，那就是发达的工业国家负责创新，新兴国家负责大规模生产。

虽然有些学者把美国和其他发达国家面临的制造业问题轻描淡写地搪塞过去了，但不可否认的是，制造业的现状已经成为一个很突出的政治问题。不过，很多人还是低估了美国制造业的优势。美国的高科技制造业的产量还是全球最大的，2010 年，美国高科技制造业的附加价值为 3 900 亿美元，但附加价值在全球总值中的占比已经从 1995 年的 34% 降低到了 2010 年的 28%。相比之下，美国中低科技制造产业如橡胶、塑料、金属等却能坚守阵地，在 1995 年到 2010 年期间，全球产量占比只降低了 1%，仍占全球总产量的 18%。总之，美国制造业的衰退并不意味着制造业不再是美国经济的一个组成部分。不过，如果要更好地理解生产制造在创新经济中能够发挥的作用，我们就必须回答以下问题：制造业在美国经济中要继续扮演一个什么角色？为什么有些产业蓬勃发展，而另外一些产业面临崩溃？要正确地回答这些问题，我们必须进行深入的调查研究，只有这样，关于美国制造业的未来的问题才能摆脱长期的学术之争，得到一个完满的答案。企业在进行生产活动时，都有什么选择？它们所做的选择对整个政治经济体系会产生什么影响？我们必须对这些问题有一个清晰的认识，否则各种政策提议都是信口开河、效果不明的。

麻省理工学院 PIE 委员会把研究重心从制造业转移到创新上来，并阐释在整个产品生命周期里，创新和生产制造之间的联系对创新及经济持续发展的重要性。调查研究发现，制造业企业经常在进行大规模生产和服务的过程中创新，这种创新可以在大企业内部进行，也可以通过外部生态系统的调节在其他制造业企业那里进行。我们提出的论点是，如果企业不能很容易地拿到所需要的制造资源，就不能很快、很好地进行创新。一个充满活力的生态系统需要能够为原型机的建设、生产流程的渐进式改进、投放市场后的产品修改提供必要的资源，这些都是把创新落到实处的关键。

工业生态系统及其在美国经济中扮演的重要角色

1890 年，阿尔弗雷德·马歇尔（Alfred Marshall）的《经济学原理》（*The Principles of Economics*）出版了，他成了第一个对"工业区"做了描述的经济学家。在这之后，无数个学者歌颂过这种把某一产业集中在同一个地方的"集群地""聚集地"和"区域"，还赞扬了它们对当地经济的推动作用，《经济学原理》一书对此有描述。之后的学术研究主要是针对德国南部、意大利北部的中小型制造业企业集群地进行的。这些工业区引起了决策者和学术界的注意，因为它们给发达的工业国家指出了另一条可行的发展道路。这些小型制造业企业在某些方面互相竞争，在另一些方面又互相合作，它们形成的网络似乎证明了在这个科技发展日新月异、国际竞争日益激烈的世界里，某些生产能力不但可以保存下来，还可以蓬勃发展。

工业区的成功之处在于，同一生态系统的参与者建立了紧密的关系，这些参与者包括供应商、客户、竞争对手、地方性职业培训机构。这种稠密的网络让当地制造商可以灵活地应对市场变化，不断进行产品创新，提高生产能力。简而言之，植根于地方性的生态系统，使得生产制造和创新之间的交流、反馈更加频繁，促进了两者之间的互相学习，为当地企业的成功奠定了基础。重点研究美国经济的学者也提出过类似的论点。理查德·佛罗里达（Richard Florida）在《创意阶层的崛起》（*The Rise of the Creative Class*）中指出，要建立一个蓬勃发展、充满创业精神的经济，不是把人力资源和经济资源简单地集中在一起就可以的，而是要在整个创业集群地建立一个能够促进思想创新和人才流通的机构网络才行。2012 年，恩里科·莫雷蒂（Enrico Moretti）在《新工作区域》（*The New Geography Jobs*）中提出，集群经济是解释美国经济体内出现不同的发展和就业形态的主要原因。

PIE 委员会的研究重点既不是欧洲的工业区，也不是美国的中小型企业。不过，PIE 委员会得出的一个关键性的研究结果是：地方性生态系统是非常重要的，它可以为企业提供企业内部没有的互补资源。我们所说的生态系统，不仅仅意味着研发实验室和制造业企业的厂房在地理位置上很接近，还意味着在同一地方必须有一定数量的其他机构，比如竞争对手、供应商、金融中介机构、主要客户，而且需要的技术人才和培养人才的学校也要在附近。这些不同的参与者形成了一个地方性的生态系统，在这里，新产品、新流程的雏形能够很快地建造出来，在系统支持下，创新者可以很快地把创新的构想变成投放市场的产品。

本书会从不同的角度说明，这样的生态系统不但对传统的普通企业很重要，对新创企业也同样重要。此外，工业生态系统能够提供的各种支持在企业发展的各个阶段都很重要；从新产品、新服务的构思阶段，到初步发展阶段，再到最后的大规模商品化阶段，企业都需要生态系统的支持。乔纳斯·纳姆（Jonas Nahm）和爱德华·S. 斯坦菲尔德（Edward S. Steinfeld）在本书第 5 章还阐述了工业生态系统不但在美国很重要，在中国和德国也很重要。这两位作者认为，德国再生能源企业不但依赖于中国合作方的制造能力，也同样依赖于德国的工业生态系统。如果没有保留在德国本土的技术人才培养能力和生产能力，企业就不能进行多方面的学习，也不能进行下一代产品的设计。企业的这些能力不是独自开发出来的，而是肥沃的工业生态系统的副产品，这种生态系统在德国长期存在，通过弗劳恩霍夫学院（Fraunhofer Institute）和职业培训系统创造出来的共同资源造福当地企业。

本书让读者能够从多个角度来理解创新和生产制造之间的关系，包括人才和新创企业的关系角度、国际角度、企业策略角度、推动制造业发展的新兴技术角度。在本书前两章中，保罗·奥斯特曼（Paul Osterman）和安德鲁·韦弗（Andrew Weaver）解决了三个问题：

◎ 制造业企业需要什么样的技术人才？

◎ 这些技术人才是否短缺，是否在当前的劳动力市场招不到？

◎ 如果短缺，那么在人才培养和职位选配方面，实行什么措施才是合适而有效的？

为了回答这些问题，奥斯特曼和韦弗开展了一个从多方面收集数据的大项目。他们采访了美国各地的企业，尤其在那些制造业和培训联系紧密的地方，因为他们想找出这个领域的最佳做法。他们还访问了社区学院、高中以及其他和劳动力市场有关的机构。他们还在全美范围内针对制造业企业做了问卷调查，询问与招聘、工人技能有关的事实，以及企业是否和其他企业、中介机构一起合作来解决这些人才缺口问题。第 1 章详细介绍了调查和采访的结果，得出的结论是：对工人的技术要求虽然提高了，但只提高了一点点，大部分人还是能够胜任大多数工作的。虽然 3/4 的制造业企业能够招到所需人才，但一部分企业，其中包括一些具有高度创新能力的企业，明显在招聘方面遇到了困难，很难招到具备相应技能的员工。在第 2 章，奥斯特曼和韦弗阐明了这些研究结果对政策的影响。他们特别强调了加强"中介机构"建设的重要性，即那些在劳动力市场中帮助用人企业、满足其培训和招聘需求的机构。

在第 3 章的描述中，伊丽莎白·B. 雷诺（Elisabeth B. Reynolds）、海勒姆·M. 萨梅尔（Hiram M. Samel）、乔伊斯·劳伦斯（Joyce Lawrence）通过多种研究方式，完成了另外一个大型研究项目，并对项目的研究结果做了详细说明。他们的研究重点有两个，两者之间又是相辅相成的。

◎ 新创企业要把创新开发成前景光明的市场化产品，在这个过程中，哪些因素是起促进作用的，哪些因素是发展的障碍？

◎ 企业在把创新开发成产品的过程中会采用不同的策略，这些不同的策略对美国的创新系统会产生什么样的影响？

很多新创企业都没有发展成稳健、成熟而独立的企业，这种现象引起了多方面的关注，大家都担心新创企业的失败会损害到美国下游制造业的创新能力。于是，这三位作者决定集中精力研究一个典型案例，即马萨诸塞州坎布里奇地区从大机构中分立出来的新创企业，尤其是那些从麻省理工学院实验室分立出去的企业。如果这些地理位置得天独厚的企业在扩大规模的过程中还是举步维艰的话，那么由此类推，位于其他地区又没有如此优厚先天条件的新创企业，又处于一种什么样的境地呢？至少对这群拥有有利条件的抽样企业来说，在企业发展初期有风险投资的支持，技术人才市场供应充足，供应商也很多。不过，当企业发展到这三位作者称之为"转折带"的阶段时，它们就面临着企业成长过程中把生产扩大到商业生产规模的关键阶段，需要有大量的新资金流入。在很多情况下，包括外国政府在内的战略投资者们提供必要的投资，同时也并购新创企业或把企业搬到海外去。在这个关键阶段，资金短缺问题就让企业失去了在美国开发出来的创新项目，也失去了像生产制造这样的重要的下游活动。更重要的是，当外国投资者把新创企业转移到美国以外去，或者大企业把收购来的新创企业整合到大企业内部时，支持新创企业发展到这个阶段的附近供应商网络也会由强转弱。

在第 4 章里，理查德·莱斯特（Rlichard Lester）探讨了能源产业的创新，他指出美国在再生能源技术开发上遇到了很多困难，政府必须介入，产业才能克服这些创新商业化过程中遇到的困难。莱斯特促使读者考虑气侯变化引起的严重问题，以及碳基能源在其中扮演的角色。为了减少对矿石燃料的依赖，美国必须在能源创新及其基础设施建设上投入大量的资源。但是，把创新变成能够投放市场的产品需要极大的投资，其中的风险之高不是私营企业能够并愿意去独自承担的；除此之外，还必须要建立与新能源产品配套的基础设施，这方面的投资和风险就更不是私营企业能够承受得了的。因此，政府必须介入能源创新的每一个阶段，鼓励并支持这方面的投资。

美国政府介入的方式多种多样，可以通过税务优惠和财政补贴来鼓励私营企业在某些技术上进行投资，也可以通过给碳排放定价，还可以和私营企业建立合作关系，共同进行研究、开发和展示活动，或者给这些活动提供资金。不管政府决定以什么形式介入，或现有的政治体系允许以什么形式介入，第 4 章的主题是，如果美国要在较短时间里推广一个更具持续性的能源体系，就必须介入到企业外部环境的建设中，并投入大量的资源。莱斯特在第 4 章中提到很多问题：如何对创新进行投资；如何进行风险管理；如何获取所需资金；在各个监管体系各有不同甚至互相矛盾的情况下，如何与资金充足、规模更大的对手进行竞争等。细看起来，这些又何尝不是其他产业也面临的问题呢？与此同时，能源供应和成本也是决定这些产业存亡的关键。莱斯特在第 4 章中记录了能源产业及其创新面临的巨大挑战，并让我们认识到，如果美国不解决这些问题，经济、社会和政治体系就会受到灾难性的打击。

在第 5 章和第 6 章的描述中，作者把研究重心转移到发达国家的创新者和海外企业的关系上，中国企业是这里的研究重点。把生产制造功能搬到海外去的运动是一场美国输、中国赢的零和游戏吗？乔纳斯·纳姆、爱德华·S. 斯坦菲尔德和弗洛里安·梅茨勒（Florian Metzler）强有力地证明了，在跨国合作中，学习和创新是双向流动的。在中国企业得到海外创新的同时，其他国家的合作伙伴也从尤其是复杂产品的大规模生产中获益良多，得到改善产品供应的机会。纳姆和斯坦菲尔德采访了风能和太阳能产业的很多企业，收集了丰富的个案资料。中国企业掌握了这两个新兴产业的生产制造特点，在这两个行业中建树颇丰。更值得关注的是，中国企业还能够通过先进的制造工艺来开发产品，建立美国都没有的独特人才队伍和资源。纳姆和斯坦菲尔德与本书其他篇章的作者意见相左的地方在于，这两位作者认为创新源头和生产制造设施是否在同一个地方并不重要。他们的论点意味着跨国合作可以成为常态，减轻了人们对离岸外包导致美国完全丧失创新能力的担忧。同时，德国制造业企业的案例也说明了德国企业在和中国企业的来往中学习到了很多东西，不过这是因为德国国内还保留着很强的生产和创新能力，德国独特的工业生态系统为企业提供了这些能力。

在第 6 章的叙述中，梅茨勒和斯坦菲尔德将目光转移到中国的民用原子能产业上，展示西方企业是如何把科技和管理人才带到中国的，以及要完成建设一个核电站这么庞大、复杂的项目，当地资源也是必不可少的。在很多情况下，西方企业和中国企业发现大家的技术特长是互补的而不是互相竞争的。不过，美国企业要在海外建设这种大型的基础设施就必须和海外的供应商建立关系，美国的供应商是帮不上忙的。这也并不是说美国吃亏了，因为大型项目的领头企业可以从中国合作方的行为中学到很多东西，至少理论上是这样的。但美国企业是否能够学以致用，把从中国企业那里学来的东西转变成新的创新能力，则又是另一回事了，而且当前美国工业生态系统过于薄弱，更是增加了学以致用的难度。

在最后一章中，奥利维尔·L.德·威克（Olivier L. de Weck）和达西·里德（Darci Reed）详细阐述了先进制造业的概念。根据他们的定义，先进制造业和传统的制造模式有几个关键的不同点。传统的制造模式包括从原材料到加工、组装再到制成品的过程。而在这个过程的每一个阶段，科技发展都带来了改变。材料设计和合成材料改变了原材料；持续制造技术让生产过程不再那么一成不变；整体回收再利用过程对生产、环境产生了连锁反应；把服务和产品打包出售创造了新的整体解决方案，而不同于以往只提供产品的做法。威克和里德对美国各地的制造业从业人员进行了问卷调查，还查阅了有关的当代学术文献，以此为基础，他们总结出 7 个可以使用先进制造业的前沿领域：材料学和纳米科学、增材制造和精密制造业、制药和生物制造业、机器人和自动化产业、绿色和可持续制造业、供应链设计、先进电子产品制造。这些新技术可以改变产品的种类，让生产过程不再那么依赖资本密集型设备，从而提高制造过程的灵活性。

政策考虑

本书从不同的角度阐述了创新和生产之间的关系，包括创新者、工人、企业、产业和整个生产系统。本书是跨学科的研究成果，是政治学、管理学、工程学和新科技等多个科系通力合作的结果，作者们对这些关系到美国未来创新能力的问题进行了定量、定性分析。从美国利益的角度出发，保持良好的工业生态系统让企业能够在美国境内把创新和生产联系起来，促进美国经济发展。如果没有这样一个生态系统，很多在创新过程中需要附近供应商等资源的企业就要到别的地方去寻找资源，同时也要把创新过程搬到别的地方去。不过创新者要和当地制造业企业建立关系的这种情况也不是绝对的，在本书几个章节记载的好几个跨国界的合作项目中，这种合作关系对参与的双方都有好处。但是，如果美国国内没有一个富饶的工业生态系统，这种跨国合作就不可能长期获得成功。因此，美国政府的政策必须向有利于发展生态系统各个元素的方向倾斜，让中小型企业更容易得到外部资金支持，更容易培养掌握制造业技术的人才，同时，政策还要对劳动力市场中介机构和社区学院给予更大的支持。

此外，美国的一个优势是其在制造技术方面的创新能力。增材制造、纳米技术和生物制造技术等都在不断发展，生产产品和服务的最新方法就在美国。但是，美国是否具备建设工业生态系统所需要的其他因素，现在还不得而知。在目前的政治氛围中，工业政策在美国已经成了一个很忌讳的话题。但是，对支持工业生态系统的基础设施进行定向投资，是保持美国创新经济优势的关键所在，不管是在金融、能源、教育还是研发领域，我们都应该支持。

PRODUCTION IN THE INNOVATION ECONOMY

1

"无人"制造

招聘难题与技术缺口

保罗·奥斯特曼 安德鲁·韦弗

从我们的抽样结果看，16%的制造业企业存在长期职位空缺的问题，而且空缺职位之多令人担忧，我们认为这个问题值得重视。对这些用人单位来说，需要高等数学和阅读技术是造成长期职位空缺的重要原因。

一直以来，生产工人都是制造业劳动力的核心。2011 年，美国的蓝领岗位占制造业岗位总数的比例超过 40%。如果没有这些工人，企业是造不出产品的。但是，这并不是这些岗位如此重要的唯一原因。大量研究大企业的经验表明，蓝领工人的技术水平、创意能力和敬业精神对于提高产品质量和生产率至关重要，而这正是在今天激烈的竞争环境中取胜所不可缺少的因素。此外，长期以来，对那些教育水平相对较低的人来说，这些制造业岗位正是一条通向中产生活的道路。2011 年，一个只有高中毕业文凭的人，从事制造业生产拿到的平均工资是每小时 17.29 美元，而从事其他行业拿到的工资是每小时 15.87 美元。[1] 本章旨在提高读者对制造业岗位的理解，解开这方面的一些疑团，并回答一些有争议性的问题。在下一章中，我们会对本章发现的问题提出相应的政策建议。

本章的第一个重点是关于工人的技术水平方面的调查的。企业到底需要它们的生产工人具备什么样的技术水平，这个问题一直没有一个清晰的答案。数学能力、阅读能力、写作能力和电脑操作能力这些硬技术要怎么组合才能满足企业要求？团队合作能力和应急能力是否重要，有多重要？很多人都是靠猜测来回答这些问题的，这方面的研究报告也有几篇很有价值，但是我们还需要针对制造业做一个全面的调查研究，才能明确地回答这些问题。

本章的第二个重点是关于制造业企业是否能够招聘到它们所需的人才的。有关招聘难的研究报告很多，但是关于失业工人排长队申请工作的研究报告也很多。企业抱怨招不到合适的工人，但经济学家看到的情况是，虽然劳动力需求在增长，供给没有增长，但代表劳动力市场供求关系的工资却一直没什么变化。这到底是怎么回事？真的有劳动力缺口吗？如果是真的，又是什么样的企业有缺口，缺的又是什么技术呢？

回答这两个问题的数据，其来源有两个：一个是我们自己设计的问卷，在2012年向美国885家制造业企业进行问卷调查的结果，另一个是我们采访美国多个地区的制造业企业的结果。我们将问卷调查和采访的详细结果展示在本章附录里。[2] 我们认为，这两组数据从一个独特的角度出发，深入分析了美国制造业企业面临的就业问题，是一项非常有意义的调查研究。

我们必须首先了解问卷调查的两大特征。

第一，问卷的对象是运营单位而不是整家企业。对于只有一个运营单位的企业来说，企业和运营单位就是同一个机构，没有必要再分，但是，像通用汽车公司这样的跨国企业，整家企业可以有千百个运营单位。如果通用汽车公司也在我们的采访名单上，那么我们采访的一定是它们的某个工厂而不是企业总部。我们想要工厂的管理人员而不是整天躲在公司总部的人来回答问卷，因为实际管理一个工厂的人每天都面对着我们提出的问题，因此能够从亲身经历出发来回答我们的问题。

第二，问卷的问题也是针对运营单位而不是整家企业的。我们在技术水平、技术缺口和招聘方法等方面的研究建立在过往同类研究的基础上，所问的问题都是针对"核心工人"的，即那些在整个生产过程中发挥最重要作用的几类员工。如果研究没有针对性，即使笼统地问了问题，得到的答案也无法适用于蓝领工人、行政人员、管理人员等全部群体。

我们先扼要介绍一下这次调查研究的结果。研究结果表明，企业对工人的基本阅读、写作、数学和电脑操作等技术的需求是普遍的，但对这些技术掌握程度的要求不太高。能够和同事相处，以及在团队中工作的能力都很重要，但是独立解决问题的能力以及主动性就不那么重要。至于有没有长期人才缺口，我们的研究结果表明，大多数制造业企业在招聘有技术的生产工人方面没有太大的困难。但是，也确实有一部分制造业企业有长期职位空缺。这些长期空缺职位都有一个共同点，就是要求应聘者具有高等数学能力和阅读能力。低工资和频繁的产品创新也是导致长期职位空缺出现的因素。

制造业员工的基本特点

在讨论技术要求和技术人才缺口这些具体问题前，我们应该先了解一下美国制造业员工的基本特点。

从人口统计学的角度来看，一些传统理论认为制造业劳动人口在不同年龄段的平均年龄比其他行业的要高，但是实际情况并非如此。约 17% 的员工接近退休年龄了，这一点对企业的招聘需求来说影响重大。另外，制造业中年轻员工的占比落后于其他产业（详见表 1-1）。

表 1-1　　　　制造业和其他行业年龄分布情况（2010—2011 年）

年龄（岁）	制造业（%）	非制造业（%）
25 ~ 34	23.3	29.7
35 ~ 54	59.1	53.2
55+	17.5	19.9

注：由于四舍五入原因，百分比相加不等于 1。
资料来源：Current Population Survey (CPS), Outgoing Rotation Group (ORG).

制造业员工包括多个职业类型。当然，生产工人是人数最多的一个类型，其次是管理人员、工程师和科学家。值得注意的是，美国人口普查数据并没有列出每一类职业的技术水平（见表 1-2）。

表 1-2　　　　　　　　制造业职业分布的情况

职业	2000—2001 年（%）	2010—2011 年（%）
管理、商务和财务	13.9	16.0
电脑、数学、生物、自然、社会科学	4.7	4.8
建筑和工程	6.9	8.1
生产、安装和维修	47.6	42.5
其他	26.8	28.4

注：由于四舍五入原因，百分比相加不等于 1。
资料来源：CPS, ORG.

在教育方面，我们的着眼点在教育水平及其变化情况上。制造业员工的教育水平和其他产业员工相比，情况如何？制造业员工教育水平的变化和其他产业员工相比，情况又如何？

我们拿年龄处于 25 ~ 30 岁之间的员工情况来回答这些问题，因为他们都是新员工，能够代表这个产业未来员工的技术水平和受教育程度。把 2010—2011 年制造业员工的教育水平和其他行业的员工相比较，很明显，制造业员工的受教育程度比经济体中其他行业的员工要低（见表 1-3）。同时，我们也可以看到，制造业员工受教育程度提高的速度比非制造业产业的平均水平要快（见表 1-4）。

表 1-3　　25~34 岁的制造业安装、维修、生产工人的受教育程度

受教育程度	2000—2001 年（%）	2010—2011 年（%）
高中辍学	14.0	12.7
高中毕业	37.3	32.3
上过大学	17.2	16.7
大专毕业	8.0	8.7
大学毕业或更高学历	23.4	29.4

注：上过大学的覆盖面很广，可能是在社区学院上过一门课，也可能是上完 4 年制大学的所
　　有课程但没有正式毕业。由于四舍五入原因，百分比相加不等于 1。
资料来源：CPS, ORG.

表 1-4　　　25~34 岁非制造业产业工人的受教育程度

受教育程度	2000—2001 年（%）	2010—2011 年（%）
高中辍学	9.7	8.3
高中毕业	25.9	23.2
上过大学	20.0	18.0
大专毕业	9.1	10.9
大学毕业或更高学历	34.3	39.3

注：由于四舍五入原因，百分比相加不等于 1。
资料来源：CPS, ORG.

制造业人才和人才缺口

美国范围内关于制造业劳动力的讨论很多，它们都是围绕着两个问题进行的：

◎ 生产工人都需要具备什么技术，才能帮助制造业企业繁荣发展？

◎ 具备相应技术的工人数量足以满足企业要求吗？

在这一小节，我们先扼要介绍一下工人的知识水平以及相关问题。这也是为展示全美调研和实地调查的结果做好铺垫。

制造业员工需要的技术水平

一直以来，对于那些没有很高的技术水平，但是身体强壮、吃苦耐劳的人来说，制造业是一个能赚到钱的行业。当然，制造业也有需要具备高级手艺和维修能力的职位，不过大多数工人只需要具备基本的技术水平且吃苦耐劳就可以了。现在大家都普遍认为，信息技术的广泛使用、质量管理计划、团队自我管理等企业管理方面的创新提高了对工人的要求，不仅是制造业，也包括其他行业。不过大家认为这种情况在制造业更为普遍，因为技术含量低的工作都迁移到海外去了，留在美国的都是组织严密、高度自动化的工厂和生产基地。于是，那些达不到新要求的人就不得不一直从事平均工资更低的服务行业。

即便如此，工人到底需要具备什么技术，这个问题一直没有一个清晰的答案。很多关于技术要求的讨论都只注重受教育程度，但是受教育程度并不能完全代表实际掌握的技能。另外，如果我们用教育程度来代表所需的技术，还会引起一个很重要的问题。比如，如果某个职位的工人受教育程度提高了，这意味着是这个职位对技术水平的要求提高了，还是现有工人的整体受教育程度都提高了？受教育程度总体提高的原因多种多样，可能大家对教育的消费价值观改变了，或者大家都在比谁的学历高，但这些现象和实际职位要求其实是毫无关联的。

简而言之，在讨论人才方面的问题时，我们想知道：

◎ 真正需要的技能到底有哪些？

◎ 同一职位对技能的要求在不断提高吗？

◎ 人才供求之间有没有错配的现象？如果有，是怎么错配的？

我们所做问卷调查的结果提供了具体证据，对这些问题做了回答，这在制造业劳动力研究中还是第一次。

现在，我们对技能要求的了解都停留在以受教育程度为代表的阶段，除此之外，了解并不多。戴维·奥特尔（David Autor）、弗兰克·利维（Frank Levy）、理查德·默南（Richard Murnane）认为，信息技术的广泛使用使得对技能的要求越来越高，而且要求技能提高的速度越来越快。他们研究的重点在于区分常规技能和非常规技能。他们认为，越来越多的常规任务由电脑来完成，因为这些任务都可以编成电脑程序，从而取代原来完成这些任务的工人。但很多工作是非常规的，不能编成电脑程序。这类工作有高端的，如管理人员和做开颅手术的外科医生；也有低端的，如酒店保洁员和家庭护工等。他们的研究发现，从 1960 年到 1998 年，经济体中非常规互动型和非常规分析型工作的比例在上升，非常规体力型、常规体力型和常规认知型工作的比例在下降。[3]总的来说，各个行业都出现了这种趋势。他们还发现，在同一教育水平的人群中也出现了这种趋势，而且电脑的应用是导致这个变化发生的主要原因，和别的资本投资无关。但是，他们的研究数据没有展示每一个类别的工作下降了多少个百分点。

以上研究结果指出了对技能要求的变化，同时也提供了一个解释这种变化的新模型。电脑普及过程改变了劳动力市场，这是毫无疑问的，但是改变的程度有多大呢？岗位对技能的要求是不是完全改变了，使得人才供求之间出现了缺口？

其他研究人员也对技能要求改变做了研究，发现劳动力现有的技能水平能够应付得了这些变化。迈克尔·汉德尔（Michael Handel）的研究发现，最近几十年对工人技能的要求在稳步上升，但是没有迹象表明上升速度越来越快。汉德尔的结论是："总的来说，受过两年普通高中教育应该掌握的基本数学知识对大多数职位来说已经足够了。"

理查德·默南和弗兰克·利维在合著的《新基本技能的教育》(*Teaching the New Basic Skills*)一书中描述了俄亥俄州的本田汽车铸造厂招聘的故事,这个故事发生在 20 世纪 90 年代初。本田汽车在 10 个应聘者中只招 1 个,但是对硬技能的要求很低。他们用于筛选应聘者的数学题目很简单,甚至都没有达到高中水平,也不要求应聘者有制造业相关的工作经验。本田汽车看重的是工作态度、对团队环境的适应能力和灵活性,而不是以前的工作经验。

罗伯托·费尔南德斯(Rorberto Fernandez)以一个正在经历技术变化的食品加工厂为背景来研究这些问题。为了安装连续加工和控制系统,这家工厂重新设计了整个生产流程。费尔南德斯收集了很多直接衡量技术要求变化的标志,这些标志表明新职位的技能要求总体上比系统安装之前高了一点。另外很重要的一点是,工厂把原来的员工都留下来了,并对他们进行了培训,尽管这些员工的平均教育水平只有高中程度。原有的员工可以通过再培训学会使用现代生产技术,这个事实让我们怀疑人才缺口是否真的存在。

我们可以看到,很多学者对技能要求的发展轨迹进行了研究,但是这些研究得出的结论都各有道理,没有达成一个统一的观点。职位对技能的要求是不是提高得越来越快,使得很多美国人都不能胜任这些工作了?我们调查的目的就是为这一问题提供清晰的结论。

制造业人才短缺是否因为供需不均衡

就业机会对工人技能要求的增长速度,已经超出了今天的蓝领工人的能力范围了吗?工作职位要求突然变得那么高,大多数应聘制造业职位的劳动者都不合格了吗?这些关于美国的制造业企业是否面临着人才短缺难题的问题,其答案并不明确,争论也很多。

很多人表达了对制造业人才短缺的忧虑。2005 年,美国制造商协会公开支持德勤公司的一个研究结论：

> 今天的人才短缺问题极端广泛和深入……对 80% 参与调查的企业都产
> 生了影响……技术人才短缺使得企业达不到应有的生产水平，不能提高生
> 产力和满足客户需求。

2011 年，美国制造商协会和德勤公司又推出了另一篇报告，其中提到：

> 74% 的受访企业说它们面临着人才短缺，或者是现有的生产工人技术
> 不够，而且这种情况已经对企业运营规模的扩张和生产力的提高造成了严
> 重影响。

美国各地报纸也对企业抱怨的招工难问题进行了大量报道。比如一篇来自
印第安纳州的报道，其标题是"上百个制造业职位都招不到人"。另一篇报道则
称芝加哥的市长说 600 个飞机维修职位到处求人都没有人来做。

这样的抱怨非常普遍，值得重视。我们采访的一些企业也说面临着同样的
问题，不过这么说的企业不是很多。话虽如此，有几个理由却让我们不能对"人
才短缺是大问题"这个说法照单全收。

首先，失业率一直很高，很难让人相信找不到合适的工人。过去两年，制
造业企业扩大生产的过程都很顺利。根据美国劳工统计局数据，2010 年 10 月
到 2012 年 10 月间，美国制造业生产工人的人数增长了 4%，制造业职位总数
增长了 3.5%，就业人数增长了 3.5%，私营企业界就业总数增加了 3.7%。[4] 如果
真的存在劳动力短缺的问题，制造业就业增长率就不会随总增长率提高。

其次，从事技术含量较高、受过较高教育的制造业生产工人的工资并没有
过快增长。经济学中简单的供求关系告诉我们，如果某一因素供给不足，价格就

会上升。大家都明白，劳动力市场内部有各种矛盾，导致矛盾产生的因素包括很难找到两个完全一样的"产品"（这里的产品是人）、迁移障碍以及劳动力市场的机构特性等，这些矛盾会使劳动力价格不能对供求关系做出即时反应。不过，如果劳动力短缺对企业的盈利能力造成严重影响的话，经过一段时间，工资就应该涨起来了。我们可以看一下不同的数据，这样就可以看出制造业工资的发展趋势。从美国劳工统计局的当前就业情况调查中可以看到，2008—2011年，制造业平均小时工资增长了 6.9%，同一时间私营企业界的小时工资增长了6.7%。这样看来，制造业工资总体来说并没有大幅上升。

当然，有人担心整个制造业的工资数据过于粗略，没有对不同的技术层次进行细分。为了解除这个顾虑，我们可以再仔细研究一下美国劳工统计局的职业就业统计和人口普查的当前人口调查数据，比较制造业中多个不同职位的工资状况。职业就业统计数据不适用于相同职位不同时间段的比较，特别是不断变化的信息技术职位，但我们选择的制造业职位都存在很久，定义也很明确，近年来也没有经历过很大变化。表 1-5 列出了生产工人和机械师的平均小时工资，为了有比较的标准，我们还列出了三类需要更高技术的职位：工业工程师、工业工程技术员和机械工程技术员。这三个职位代表了工资较高、技术水平较高的工人，大家通常认为能够胜任这些职位的人才供应不足。

表 1-5　　　　　　　部分制造业职位的平均小时工资

制造业职位	2008 年（美元）	2011 年（美元）	变化百分比（%）
生产职位	15.87	16.74	5.5
机械师	18.17	19.51	7.4
工业工程技术员	22.89	24.42	6.7
机械工程技术员	23.74	24.92	5.0
工业工程师	35.47	37.56	5.9

资料来源：美国劳工统计局职业就业统计数据。

我们可以从这些数据中看到，需要更高技术水平的职位平均工资增长的速度并不比低技术职位的快。

当前人口调查的数据也让我们看到制造业工资的趋势。图1-1显示了从社区学院拿到大专学历的工人比没有大专学历的工人多拿的工资，图中线条表示的是有大专学历的工人工资与只有高中学历的工人工资之比。图中两条线分别代表制造业工人和非制造业工人的工资情况。

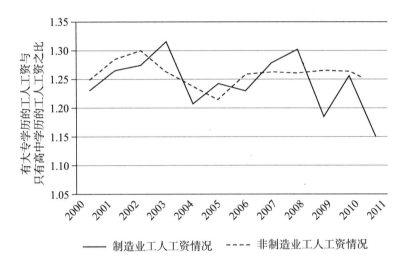

图1-1　有大专学历的工人工资与只有高中学历的工人工资对比

我们可以从图1-1上看到，大专学历的回报率每年都有所不同，而且有大专学历的制造业工人多拿的工资并不比非制造业的工人多拿的工资增长得快。事实上，制造业工人多拿的工资近年来还相对下降了。

以上这些工资数据，以及制造业顺利地扩大再生产和劳动力增长，都让人对人才短缺这个说法产生怀疑。任何市场都会不时出现一点短缺，这是意料之中的事情。但现在一个严肃的问题是，制造业是否面临整体性的招聘危机。虽然大量的分析让我们对这个说法持怀疑态度，但是持这种观点的人那么多，分布的地域那么广，实地考察中也有采访对象向我们提出这个观点，就这么把它当作无稽之谈，也不是审慎之举。我们将使用自己设计的问卷调查来进一步探讨这个问题，弄清短缺确实存在的具体情况。

问卷调查提供的证据

制造业企业到底需要工人具备什么技能，这是一个目前还没有人能够回答的问题。因此，我们问卷的很大一部分都是为了解决这个问题。设计问卷的总原则就是询问很多关于核心工人的具体问题：工人每天从事什么工作，这些工作需要他们具备什么技能。由于大家对这个问题的讨论都是非常笼统的，因此我们的问题应该更具体，才能给问题一个清晰的答案。

不过也有几个问题需要受访者发表意见，那就是他们对工人的技术要求是沿着一条怎样的轨迹变化的。约 7.1% 的受访者说，过去 5 年对技术的要求提高了很多，约 34.4% 的人说提高了一些，约 48.2% 的人说没有变化，其余的人说下降了。这些数据再次证明了随着时间的推移，技术要求逐渐提高了，但要说现在技术要求突然出现了极大的提高，就有些夸张了。为了更好地理解技术需求的挑战，我们还问了一个更具体的问题：一个新雇员要在岗培训多少周才能足够熟练。这是一个很复杂的问题，因为答案取决于职位所需要的技术复杂程度以及招聘是怎么进行的。虽然问题复杂，但得到的答案还是让我们了解到管理人员在这方面面临的挑战。中位数的答案是 3 个月，不到 10% 的企业回答说超过半年。总的来说，需要的时间还是可控的。

我们还要从这些泛泛之谈走向更具体的技术水平问题。我们一般问"这个核心职位需要……吗"，用"是"或"不是"回答。问题分为 6 组，分别是阅读、写作、数学、电脑、人际关系、解决问题能力。每一组都会问很多个问题。

我们先问了核心职位要求的基本技能，之后又问了高级职位的要求。我们对基本技能的定义是能够读懂基本的使用手册，基本写作技能就是能够写简短的笔记，基本数学知识就是会加、减、乘、除，还要懂分数。我们还问了核心职位需要使用电脑的频率。表 1-6 是问卷调查的结果。

表 1-6	基本技术需求
对核心职位不同要求的企业	%
核心职位需要基本阅读能力的企业	76
核心职位需要基本写作能力的企业	61
核心职位需要基本数学知识的企业	74
核心职位需要基本阅读、写作能力和数学知识的企业	43
核心职位一周至少要使用几次电脑的企业	63

资料来源：PIE 委员会制造业调查问卷。

以上调查结果证实，大多数企业都认为基本技能很重要，但我们也可以看到很大一部分的用工企业并不需要基本阅读能力、写作能力、数学能力和电脑使用能力的综合运用。如果这些企业面临着招聘难的问题，那就很意外了，不过在证实企业对高级技能的要求增加前，我们不再谈论这个问题。

如上文所说，我们把高级的技术要求分为 6 大类：阅读、写作、数学、电脑、人际关系和解决问题能力。对每一个类别我们问 2 ~ 5 个具体问题，有的类别多一些，有的类别少一些。比如，电脑技术类的其中一个问题是：岗位是否需要在岗人员会使用电脑辅助设计和电脑辅助制造程序？高等数学知识的其中一个问题是：在岗人员是否需要掌握概率和统计学知识？人际关系类的其中一个问题是：能够在团队环境中运作自如的能力是否重要？员工是否需要具备主动性的其中一个问题是：岗位是否需要在岗人员在没有上级命令的情况下积极发起新任务？关于所需技能以及技能分布情况的所有问题都在附录 1-2 里。

表 1-7 列出了需要高级技术的企业中只需要一项高级技术的企业，以及需要两项或以上的企业。

表 1-7	需要高级技术的企业	
高级技术	**需要至少一项高级技术（%）**	**需要两项或以上高级技术（%）**
高级阅读能力	53	25
高级写作能力	22	4
高等数学知识	38	12
高级电脑能力	42	23

资料来源：PIE 委员会制造业调查问卷。

这些高级技术数据有几个有趣的地方。第一，对基本阅读和写作能力的要求不相上下，但是对高级阅读能力的需求比高级写作能力大得多。高等数学和电脑技能都非常重要，但需要至少一项这两种高级技术的企业还不到一半。虽然 38% 的企业需要高等数学知识，但这种高等数学知识并不是高不可及的。在高等数学这个类别里，32% 的受访企业说它们的员工能够使用代数、几何、三角学来解决问题，14% 的受访企业说它们的员工会用到概率和统计学知识，7% 的受访企业说员工会用到微积分知识。

第二，如果需要高级技术的话，一般都只需要一类高级技术。需要两类或两类以上高级技术的企业占比大幅下降了。需要一类高级技术的企业一般也只需要这类技术中的一项，比如需要高等数学知识的企业，一般只需要代数、几何或者是三角学中的一项，而不是同时需要很多项。也就是说，需要高级技术的企业对需求哪类技术的要求是非常明确的。需求明确，培训就容易得多；如果对多种高级技术都有需求，培训起来就比较困难。

表 1-8 展示的是对两项"软技术"的调查结果，这两项软技术就是合作和团队精神。企业都非常重视这两项软技术，这也佐证了我们的调查结果。

表 1-8	人际关系技能的需求
软技能	认为"非常重要"（%）
合作	81
团队精神	65

资料来源：PIE 委员会制造业调查问卷。

我们还问了两类介于硬技术和软技术之间的问题。第一类是员工是否要能独立操作并表现出积极主动性。第二类就是员工是否要具备发现和解决质量问题的能力。这些问题以及回答都列在表 1-9 里。

表 1-9	发现和解决问题的技能以及积极性的需求
技能	认为"非常重要"（%）
在没有指导的情况下学习新事物	35
独立规划时间	46
批判性地衡量意见	36
解决不熟悉的问题	39
衡量成果质量	71
在成果质量低时采取行动	76

资料来源：PIE 委员会制造业调查问卷。

令人惊讶的是，认为核心员工应该表现出表 1-9 所列举的积极主动行为的企业还不到一半。当然，如果我们把回应"有些重要"的企业也算上的话，总的比例就提高了。大家一直强调个人主动性是建立先进制造业体系的关键，但这些调查结果并没有给这个论调提供有力的证据。

我们问的最后一个问题和学习新技术的能力有关。50% 的受访者说学习新技术的能力对核心员工来说非常重要，39% 的受访者则说有些重要。

我们可以从几个不同的角度来分析这些研究结果。

第一，我们可以清楚地看到，那个凭体力就能做好制造业工作的时代已经渐行渐远了。大多数制造业职位都需要基本的阅读能力和数学知识，很多岗位的要求还不止这些。

第二，从这些数据中我们还可以得出这样的结论：无论是基本技术还是高级技术，都没有超出一个高中毕业生应该掌握的知识范围，社区学院毕业生无论拿的是证书还是学位，都一定掌握了这些知识。这些数据不支持高中毕业生和大专毕业生都不能达到技术要求的说法。

第三，数据指出，不要拘泥于这些结果的大方向，而要仔细研究不同企业对技术的不同要求。我们特别感兴趣的是那些对核心员工技术要求相对较高的企业。比如，企业需要的员工技术组合是：员工每周至少使用几次电脑，需要掌握比基本数学还高级一些的数学知识，阅读能力也不是只要求能够读懂简单的使用说明书。这一类企业在招聘过程中遇到的挑战会和一般企业不同。调查数据显示，这类企业只占受访企业的21%。这类企业不是最典型的，但是它们的技术可能是最先进的，它们可能最难招到合适的员工，但这一类企业要求的技术水平也完全在社区学院毕业生应该掌握的范围之内。我们将在下文对人才缺口和技术要求分布进行更深层的讨论，并与劳动力市场存在的问题进行关联。

制造业企业面临的招聘难题

制造业劳动人口的核心问题通常是企业是否面临着招工难。这也是对这代人的退休高峰到来时企业面临的问题的前瞻。另外一个相关问题是，制造业的工作岗位对年轻一代是否有吸引力。在第2章，我们会重点讨论这些前瞻性的问题，在这一节我们要讨论的则是企业现在面临的招聘难题。

我们问企业，核心员工的招聘是否在过去两年变得越来越难。41%的受访企业回答了"是"。当然，对"难"的定义，也是仁者见仁，智者见智。更加客观的衡量标准是要招到一个合适的员工需要的时间。中位数是 4 周，超过 90% 的企业说它们能够在 12 周或更短的时间内找到合适的候选人。找到合适的候选人后，要把人招聘来似乎就很容易了。候选人接受企业招聘的平均比率是 86%，中位数比率是 95%。

为了更好地了解哪里存在招聘难，面临招聘难的企业都有什么特点，我们问了两个和空缺职位有关的问题。

◎ 现在有多少个空缺职位？

◎ 有多少个长期空缺职位？

图 1-2 显示了企业的职位空缺状况。其中长期空缺的定义是：职位空了 3 个月或更长时间，企业都没有招聘到填补空缺的员工。

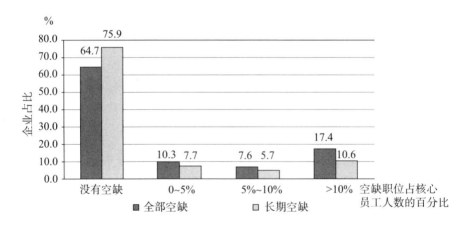

图 1-2 企业的空缺职位状况

资料来源：PIE 委员会调查研究。

这些数据和先前关于人才技术的回应一样，清晰地显示了受访企业的相同和不同。绝大多数企业根本没有招聘方面的困难，劳动力市场的现状和工资数据趋势让我们认为这是意料之中的事情。约 65% 的企业回答说它们根本就没有空缺职位，约 76% 的企业回应说它们没有长期空缺的职位。但是有一小部分企业回应说它们有职位长期空缺的问题。约 24% 的企业回应说它们在某种程度上存在职位长期空缺，约 16% 的企业说长期空缺职位大于或等于核心员工总数的 5%。我们也无法知道，在公开场合抱怨招工难的是不是这些企业，因为不管自己的招聘情况如何，企业总是想让政府在制造业人才培养方面多投资，而且对政府多加催促对大家都有好处。尽管如此，我们还是要特别关注这一部分企业，因为这是劳动力市场的大问题，可能损害到工人利益，也可能阻碍经济发展。

有空缺职位的企业会认为这些空缺职位影响到企业的正常运作吗？纵观所有受企业的答复，有长期空缺职位的企业都说有影响，但是影响不大。我们还问道："招不到技术工人极大地阻碍了盈利提高吗？"16.1% 的企业说招不到技术工人是一个大障碍。但值得注意的是，认为需求不足、税收政策、监管条例对企业盈利造成负面影响的企业比例要比这个高。但是，这样对比会造成混乱。在没有长期空缺职位的企业中，只有 10.6% 的企业说招不到合适的技术工人影响到它们的盈利目标。但在回答说有一些长期空缺职位的企业中，这个比例一下子跃至 33%。对那些回复说长期空缺职位等于或大于核心员工人数的 5% 的企业来说，这个比例是 41%。

造成招聘难题的原因

有长期空缺职位的企业和其他企业有何不同？这是一个很重要的问题，有人会说，就让这些企业自己努力解决问题好了。总的来说，企业经营过程中会遇到各种各样的问题，如果每个问题都要外界介入解决是不可能的，因为这就是市场主导经济的精髓所在。但是，如果这些面临着招工难的企业在某些方面是"先进"的，或者是处于"前沿"地位的，我们就要多加考虑了，因为这些企业代表着未来，值得多加关照。

这些有长期空缺职位的企业都有什么特点呢？我们从三个不同角度来回答这个问题：

◎ 这些企业的特点及其人力资源政策是什么？

◎ 这些企业的技术要求是什么？

◎ 这些企业的竞争策略是什么？

分析这些数据时，我们把三大类企业进行比较：第一类是没有长期空缺职位的企业；第二类是在有长期空缺职位的企业中，空缺职位在员工总数中占比在前 1/3 的企业；第三类是回应招聘难严重影响到盈利目标的企业。有很多企业可能同时属于后两类，但是还是要这样划分，因为把前 1/3 划分出来会变得很主观。表 1-10 对企业规模、工资水平和企业对于内部培训及外界招聘的喜好进行了分析。

表 1-10	企业特点和职位空缺		
	没有长期空缺职位	长期空缺职位占前 1/3	招聘难影响到企业盈利
总员工平均数（千人）	0.65	0.37	0.60
平均小时工资（美元）	16.56	18.62	17.79
喜欢从内部员工中进行提拔（%）	62	49	50

首先，规模小一些的企业，人力资源管理功能往往不是很全面。其次，小企业一般比大企业付的平均工资要低，职位可能也不稳定。最后，小企业在社区里的关系也不够，很少有机构帮助它们吸引员工。我们还列出了工资水平，很明显，这个对招聘的难易有影响。我们看的最后一项是，有些企业喜欢到劳

动力市场去招聘需要的人才，有些企业则喜欢"可以培训好"的人才，即从内部员工中发展需要的人才。我们问受访企业属于哪一类时，发现不同的招聘方式自然也会影响招聘的难易程度。

有长期空缺职位的企业一般规模较小，更多地依赖于外部劳动力市场招聘，给的工资也高一些。面临招工难的企业对工人技术要求要高一些，但是通过内部培训来得到所需技术人才的比例要低一些，这似乎有点自相矛盾。造成这种情况的部分原因是，这些企业一般规模较小，边际利润较低，没有成熟的内部人才培养机制。

平均小时工资这一栏提醒我们分析两个因素之间的相关度。在上文中，美国的全国性数据表明，制造业企业给生产工人加薪的幅度并不比其他产业大。那些面临招聘难的企业把工资提高一点，应该是明智之举。在表 1-10 中，我们看不出较高工资和长期空缺职位之间是否存在着正相关关系，因为影响两者关系的还有职位要求的技术水平等其他因素。我们将在后文中里用一个多变量回归模型来分析这些因素之间的关系。

表 1-11 体现了对技术要求和长期空缺职位进行的考查。大家都认为，技术要求相对较高以及所需技术较为少见的企业中，会出现空缺职位。表 1-11 提供的数据也证明这种想法的合理性。不过更重要的是，这些数据让我们知道哪一类技术人才是最难招聘到的。这些数据给我们一个非常清晰的信号：有长期空缺职位、面临着招工难的企业大多有以下两个特点，或者是其中一个特点。

◎ 要求候选人具备的技术是那个领域专用的，别的领域没有企业需要的这样的人才。

◎ 这些企业对数学知识和电脑技能的要求都很高。

　　在长期空缺职位占前 1/3 的企业中，对高级阅读能力的要求也是职位长期空缺的原因之一。总的来说，人际关系技巧、解决问题能力、是否具有主动性这些因素和职位空缺之间的关系不明确。

表 1-11	技术要求和空缺职位		
	没有长期空缺职位的企业	长期空缺职位占前 1/3 的企业	认为招聘难是盈利增长的主要障碍的企业
需要其他企业都不使用的独特技术（%）	23	43	39
员工需要高等数学技能的平均数	0.45	0.83	0.88
员工需要高级电脑技能的平均数	0.69	1.25	0.82
员工需要高级阅读技能的平均数	0.8	1.16	0.82
员工需要高级写作技能的平均数	0.27	0.2	0.17
认为"学习新技术的能力非常重要"（%）	49	51	54
认为"能够和别的员工合作非常重要"（%）	64	59	70
认为"能够对产品进行质量评估非常重要"（%）	70	72	72
认为"具备在质量不合格时能够采取相应行动的能力非常重要"（%）	75	82	75
认为"具备解决新问题的能力非常重要"（%）	38	60	53
认为"在没有上级指导的情况下，自己启动新任务的能力非常重要"（%）	36	37	43
认为"具备独立安排时间的能力非常重要"（%）	46	63	50
认为"具备对选项进行评估的能力非常重要"（%）	37	33	41

以上分析都是在一个变量对一个变量的线性回归的基础上进行的。如果把所有的变量同时考虑在内，得出的结果如何，是一个很重要的问题，有必要建立一个更复杂的统计模型。我们的统计模型用了两个因变量：长期空缺职位在核心员工人数中的占比，以及长期空缺职位在核心员工总数中占比是否超过 5% 的虚设变量，作为一个二元指示变量。对第一个因变量，我们用了标准回归模型，对第二个变量，我们用了对数回归模型。我们用企业规模、低工资、企业对内部招聘的偏好、生产规模缩小和扩大以及企业需要的所有技术等作为解释变量。我们还用 NAICS 工业代码对每一个产业进行独立分析。详细结果见附录 1-3。

这一分析过程得到的最肯定的结果是，某些技术要求和长期空缺职位之间有着很紧密的关系。第一个模型的结果表明，所需技术人才在当地不易找到的企业，长期空缺职位比例都比较高。同样，需要高等数学和阅读能力的企业长期职位空缺比例也高一些。在我们的模型中，对高等数学的要求在 95% 置信水平上显著，高级阅读能力也在 90% 置信水平上显著。在这些模型里，高级电脑技能对长期空缺职位的解释能力不强，但如果我们用所需高级电脑技术的数量作为解释变量，解释能力就变强了（这个回归分析结果没有在这里列举出来）。在两个模型里，只有 10 ~ 19 个员工的小企业比大一些的企业更容易出现高水平的长期空缺。在第一个模型里，和其他领域技术要求相近的职位相比，职位工资较低这一因素是对空缺职位的主要解释因素。如果一个企业经常从事产品创新，长期空缺水平也会比较高，这是两个模型获得的相同结果。但是，其他创新和质量方面的变量的解释能力并不强。在两个模型里，合作能力和团队精神等软技术都不能作为解释因素。

最后，我们问受访企业，是什么原因使得它们在招聘核心员工时遇到了困难。我们提供了多个解释选项，让这些企业选出所有对长期空缺职位有影响的因素，再问它们哪个是最重要的，哪个是第二重要的。表 1-12 列出了长期空缺职位占核心员工 5% 或以上的企业对这个问题的回答。这些数据和出现核心职位空缺的回答，从根本上来说是一致的。

表 1-12　　　　　高水平长期空缺职位出现的两大原因（%）

原因	最重要原因	第二重要原因
应聘者缺乏一般技术（阅读、数学等）	8.48	5.9
应聘者缺乏行业所需的特别技术	41.4	17.8
应聘者没有通过滥用药物检测	1.9	4.7
应聘者态度或者是性格有缺陷	2.4	21.5
应聘者缺乏社交和人际关系技巧	2.0	1.6
工资对应聘者吸引不够	10.7	5.9
招聘资源不足	8.4	5.9
工作环境很差（热、脏等）	1.5	3.5
应聘者太少	5.5	13.1

注：每一列的百分比加起来不到100%，是因为还有没列出的其他原因。

我们把这些回答分成4大类：所需技术、性格因素、企业方面的原因、劳动力供应不足。在问卷调查中，这几类问题随机分布在问卷中，并不是分类集中在一起的。答案很有意思。第一，所需技术是非常重要的。第二，所谓的性格因素不怎么重要。有很多关于应聘者不能通过药检的说法，但这并不是构成招聘难的重要原因。有趣的是，当要求受访者只把各种影响因素列举出来，而无需对它们按照先后顺序排列时，在存在长期空缺职位的单位中，35%提到了药检，59%提到了性格；技术因素还是占了很大比重，89%提到缺乏专业知识是招聘难的原因之一。我们对这个现象进行了猜想，那就是性格是一个很直观的反应，当受访者被迫把这个问题和其他真正迫切的问题放在一起，按照重要性做出先后排列时，这个问题就显得不那么重要了。总之，这些模型分析支持了前面关于长期空缺职位的研究结果：只有少部分企业存在着长期空缺职位问题，对这些企业来说，缺乏具备合适技术的人才是一个大问题。

结论

近年来，我们一直在调查现在制造业企业到底需要核心员工具备什么技术、人才短缺是否阻碍了经济发展等问题，学术界也对这些问题展开了激烈的辩论。在这个研究项目中，我们通过非常具体而有针对性的问题来收集实际数据、捕捉技术要求，希望加深对这些问题的理解。关于员工需要具备的技术，数学和阅读是最普遍的要求，但是大多数企业需要的技术都是很基础的。电脑技术也重要，但对这些技术的要求并不突出。像合作和团队精神这些软技术也是企业普遍要求的。

研究结果表明，大多数企业在招聘人才方面没有严重障碍。但是，16%的抽样制造业企业存在着长期职位空缺的问题，而且空缺职位之多，令人担忧。对这些企业来说，需要员工具备高等数学和阅读技术是造成长期职位空缺的重要原因。软技术和性格都不是重要原因，虽然在其他情况下，这些因素也挺重要的。对核心硬技术的要求是造成高水平的长期职位空缺的主要原因，除此之外，低工资和经常性的产品创新在某些情况下也对这个问题起到了推波助澜的作用。

PRODUCTION
IN THE INNOVATION
ECONOMY
附录 1-1：研究方法

这个研究项目的其中一部分是我们自行设计的，对美国范围内的制造业企业进行了问卷调查。除此之外，我们还对美国各地的制造业企业、社区学院、产业协会以及其他有关方面进行了大量采访。

问卷调查

从 2012 年 10 月开始，我们将问卷寄给 2 700 家员工总数至少 10 人的制造业企业。这些企业是从邓白氏的数据库里随机挑选出来的。为了让不同规模的企业都有合理的代表，我们根据美国人口普查局县商业模式调查得出的不同员工规模的企业数目，进行分层抽样。抽样根据标准产业分类代码（SIC Code）把烘焙、打印、出版行业排除在外，不过这些行业有时候也被包括在广义的制造业行业里。[5]

问卷调查人员给抽样中的每家企业打了电话，问企业里谁是最合适的受访者。每个问卷信封里还放了一张 10 美元钞票，算是对受访者的奖励，也是对受访者花了时间来回答这些问题的一种补偿。我们想要企业领导者或者是熟悉企业运作的人力资源部负责人来回答问卷。问卷特别指出，问题都是关于核心工人的，这些工人在生产过程中起着关键作用。核心工人包括制造工人、加工工人、组装工人、生产技术员、操作工等。

问卷调查的填写截止时间是 2013 年 1 月 3 日。在截止前，885 家企业完成了问卷并把问卷寄了回来，427 家企业拒绝参加，1 230 家没有回复，126 家后来发现不应该是调查对象，32 家因为写错了地址，因此所填问卷被退了回去。在寄回来的 885 份问卷中，有 11 份没有回答核心工人总数是多少，因此我们的分析就没有用这 11 份。后来我们确定了排除标准：企业并不真正从事制造业生产；企业的生产制造活动都在海外进行；企业员工总数不到 10 人。

员工数量规模、受访企业的地理分布，以及县商业模式调查在每一个规模的企业数量，都列在表 A1-1a 和表 A1-1b 里。

表 A1-1a **企业员工数量细分：抽样和县商业模式**

企业	员工总数在 10 个以上的单位（%）	
	目标企业	回应企业
1~9 个员工	0	4.1
10~19 个员工	6.2	10.8
20~99 个员工	26.9	33.8
100~249 个员工	22.9	22
250~499 个员工	15.9	15.6
多于 500 个员工	28.1	13.8

资料来源：PIE 委员会制造业调查问卷和美国县商业模式调查（2010 年）。

表 A1-1b **地区分布调查**

普查地区（美国）	邓白氏（%）	回应企业（%）
东北部	20.4	22.1
中西部	39.0	42.1
南部	20.4	16.5
西部	20.2	19.0

资料来源：PIE 委员会制造业调查问卷和邓白氏数据。

虽然回应企业和邓白氏目标企业大致相近，但是实际回应企业和邓白氏目标企业相比，小企业的数量太多而大企业的数量不足。在统计学分析中，我们使用了企业规模权重来纠正这一偏差。

从地理位置的角度来看，美国东北部和美国西部实际回应比例和邓白氏数据的地区比例没有偏离太多（见表 A2-1b）。但是，美国中西部的回应者比例有点过高，美国南部的比例有点偏低。我们在分析过程中没有调整权重来纠正这些问题，因为它们偏离的幅度不大，而且我们的论点也不是建立在地区差异之上的。如有需要，我们会单独列出那个区域的结果。

我们还用规模、地理分布和产业数据做了一个比较正式的偏倚分析。我们用不同企业的规模指标、地理分布指标和两位数的标准产业分类代码作为变量[6]，通过线性概率回归模型来预测完成问卷调查的指标。回归模型得出的结果和前面讨论的一致：最大规模的企业回应的比例要小得多。我们之前也说过了，我们通过权重纠正了这个偏差。美国南部的企业和新英格兰区域的企业相比回应的比例要低 5%，其他地区差异不是很突出。在 20 个不同的标准产业分类代码代表的产业中，在 5%的临界线上，只有两个产业和邓白氏数据差异是重大的。

面对面调查方法

为了让分析建立在坚实的基础上，也为了充实假设，我们在美国各地对制造业企业、教育机构工作人员、行业协会进行了采访。2012 年 1 月 9 日到 2012 年 1 月 13日间，我们在北卡罗来纳州对 6 家企业、2 所大学、3 所社区学院、2 个生物制药和生物制造产业协会的人进行了采访。这些采访都是围绕生产工人的技术要求和招聘技术工人过程中遇到的挑战事先安排好的。在俄亥俄州，我们也进行了类似的采访，采访对象主要是俄亥俄州东北部的金属加工厂。

2013 年 10 月 21 日到 2013 年 10 月 25 日间，我们对 7 家企业、1 所社区学院进行了采访，之后又通过电话和另一所社区学院进行了跟进会谈。在罗切斯特，我们重点关注这个地区的光学制造业企业，对 6 家企业、2 所社区学院和 2 个产业协会的人进行了采访。我们在 2012 年 10 月拜访了麦库姆社区学院，在 2012 年 11 月，我们在斯普林菲尔德拜访了地区就业委员会以及多家企业社区学院。

PRODUCTION
IN THE INNOVATION
ECONOMY

附录 1-2：所需技术问卷

表 A1-2	对所需技术的回应
问题	肯定的回应（%）
这个岗位需要阅读技能吗？	
能够阅读基本的说明手册	75.9
能够阅读复杂的技术文档和说明手册	39.2
能够阅读长于 5 页的任何文件	35.2
能够阅读行业杂志、报纸里的任何文章	10.7
这个岗位需要：	
需要准备单据、开发票吗？	18.1
需要写简短的笔记、内部通知、报告、申请书吗？	61.2
需要写一页长，甚至更长的材料吗？	21.8
需要写至少 5 页那么长的材料吗？	4.5
使用电脑的频率	
每天	50.6
一周几次	12.2
不经常	11.1
从来不用	26.1
这个岗位需要（不适用于回答"从来不用电脑"的企业）	
使用文字处理软件吗？	38.3
使用电子表格程序、数据库软件吗？	60.5
使用电脑辅助设计和电脑辅助制造技术吗？	39.3
使用其他工程、制造软件吗？	40.0
具备编写电脑程序的能力吗？	25.6

续表

问题	肯定的回应（%）
进行互联网搜索、使用互联网收集资料、寻找解决方案吗?	45.2
岗位需要以下数学知识	
加、减	94.5
乘、除	85.9
分数、小数、百分比	78.0
代数、几何、三角	31.8
概率和统计学	14.1
微积分和其他高等数学	7.3
和其他员工合作的能力有多重要	
非常重要	81.1
挺重要	18.2
不是很重要	0.5
一点都不重要	0.0
不适用	0.2
团队合作能力有多重要	
很重要	64.6
挺重要	26.7
不是很重要	7.6
一点都不重要	0.2
不适用	0.9
解决新问题的能力有多重要	
非常重要	39.1
挺重要	44.0
不是很重要	14.3
一点都不重要	1.9
不适用	0.8
学习新技术的能力有多重要	
非常重要	50.1

续表

问题	肯定的回应（%）
挺重要	39.2
不是很重要	9.5
一点都不重要	1.0
不适用	0.2
在没有领导指挥的情况下，自己提出新任务的能力有多重要	
非常重要	35.0
挺重要	45.8
不是很重要	16.9
一点都不重要	1.5
不适用	0.9
独立安排时间、决定任务先后次序的能力有多重要	
非常重要	46.0
挺重要	38.2
不是很重要	13.4
一点都不重要	1.7
不适用	0.7
对不同选项进行判断、评估的能力有多重要	
非常重要	35.9
挺重要	38.6
不是很重要	19.9
一点都不重要	4.4
不适用	1.2
评估产品质量的能力有多重要	
非常重要	70.6
挺重要	25.1
不是很重要	3.5
一点都不重要	0.3
不适用	0.5

续表

问题	肯定的回应（%）
如果质量不合格，能够采取适当行动的能力有多重要	
非常重要	76.2
挺重要	21.4
不是很重要	1.8
一点也不重要	0.3
不适用	0.3

资料来源：PIE 委员会制造业调查问卷。

PRODUCTION
IN THE INNOVATION
ECONOMY

附录 1-3：回归表

　　前面在本章的正文里，我们讨论了两个回归分析模型，表 A1-3 列出了这两个分析的结果，括号内为标准误差。第一列是线性回归分析的结果，回归的因变量是长期空缺职位在核心员工中的占比。第二列是对数回归分析的结果，这个回归分析的因变量是高水平（高于核心员工总数的 5%）长期空缺职位指标。两个模型都根据两位数的 NAICS 代码做了行业区分。两个回归模型得出的结果非常相似，某些特定行业和对数学的需求产生了共线性，使得高等数学只在 90% 的水平上显著。

表 A1-3	长期空缺职位线性回归和对数回归的分析结果	
自变量	**因变量**	
	长期空缺职位（%）	长期空缺职位指标
高级阅读能力	0.012^*	0.049
	（0.006）	（0.027）
高等数学知识	0.01^*	0.065^*
	（0.007）	（0.027）
高级电脑技术	0.007	0.025
	（0.006）	（0.027）
高级写作技术	−0.003	0.007
	（0.008）	（0.029）
独特的技术需求	0.016^*	0.038
	（0.007）	0.026
学习新任务的能力	−0.005	0.015
	（0.006）	（0.025）

续表

自变量	因变量	
	长期空缺职位（%）	长期空缺职位指标
合作精神重要	−0.001	0.007
	（0.009）	（0.035）
团队精神重要	0.005	−0.011
	（0.007）	（0.029）
低工资指标	0.150**	0.102
	（0.034）	（0.112）
频繁的产品创新	0.014*	0.064*
	（0.007）	（0.028）
喜欢从内部提拔	−0.003	−0.025
	（0.006）	（0.024）
10～19 个员工	0.033	0.200*
	（0.018）	（0.100）
20～99 个员工	0.004	0.119
	（0.017）	（0.099）
100～249 个员工	−0.010	0.026
	（0.017）	（0.0103）
250～499 个员工	−0.006	0.093
	（0.018）	（0.101）
500 个以上员工	−0.012	0.044
	（0.018）	（0.104）
过去 5 年产量提高了	0.003	0.001
	（0.008）	（0.033）
过去 5 年产量降低了	−0.002	−0.053
	（0.009）	（0.038）
现在给核心员工提供正式培训	−0.006	−0.023
	（0.006）	（0.026）
能评估出产品质量的能力非常重要	−0.004	−0.011
	（0.008）	（0.033）

续表

自变量	因变量	
	长期空缺职位（%）	长期空缺职位指标
如果质量不合格，能够采取适当行动的能力很重要	0.014	0.043
	（0.008）	（0.035）
回应者给新产品的重要性打的分数（最高 100 分）	-0.0003^{*}	-0.001^{*}
	（0.0001）	（0.0007）
回应者给质量的重要性打的分数（最高 100 分）	0.0001	0.0002
	（0.0002）	（0.001）
两位数的 NAICS 代码	X	X
抽样数	698	696
	0.110	0.133

注：从对数 / 指标模型得到的结果是边际效应。

　　*= 在 95% 的水平上显著

　　**= 在 99% 的水平上显著

资料来源：根据 PIE 委员会制造业问卷调查结果进行计算。

PRODUCTION IN THE INNOVATION ECONOMY

2

就业的回归

建立新人才培养体系的 8 大措施

安德鲁·韦弗　保罗·奥斯特曼

为了保证美国现有的体制能够满足制造业的人才技术要求，需要加强劳动力市场的媒介作用，提高社区大学和高中的教育水平，降低制造业的就业风险，来把年轻人吸引到这一行业。要使这些步骤行之有效，用人单位也要承担相应的责任。

在第 1 章，我们回顾了有关制造业的工作性质，以及制造业厂商在建立员工队伍上遇到的问题。我们在全美范围内，对制造业公司做了一次以所需技能、在雇用员工过程遇到的问题以及这些公司的用工惯例为重点的调查，这次调查很具代表性。即使美国现在在这些方面还没有遇到什么问题，我们也要知道，想要加入制造业的员工需要掌握什么样的技能，这样教育和培训机构才能更好地为制造业培养相应的人才。虽然我们的假设是，现在还没有什么制造业人才短缺问题，但是，现在美国上下都没有反应出这个观点，都说美国现有的员工队伍里存在着劳动力供应不足和技能短缺的问题。在第 1 章，我们对这个说法持怀疑态度，观点也稍有不同，同时也指出了一些需要注意的问题。第 2 章的目的是以我们的实地考察为依据，以数据分析为基础（在第 1 章我们已对实地调查做了进一步的说明），提出积极可行的政策建议以供参考。

在第 1 章，我们的论点是，对整个制造业来说，人才短缺不是一个普遍问题，但是在某些情况下，这个问题还是存在的。大概 16% 的公司长期以来都招不到合适人选，有很多职位空缺；25%的公司在招工方面会遇到一些困难。在招工方面遇到困难的公司一般都是小一些的公司，所需要的技术人才在当地没有太多公司有同样的需求，需要的人才还必须具备较高的阅读和数学水平，并有能力参与到不断进行的产品革新中。过去，在当地大公司工作的技术人员会流入这些小公司，当地的教育机构也可以帮助它们解决这些问题，但现在情况不同了，小公司很难再通过这些途径招到需要的人才。内部培训较少、升迁机会较少的大公司也会遇到长期职位空缺的问题，但空缺职位的数量在整个员工队伍中占的比例较小，也还可以应付得了，不过即将到来的退休潮会使这些问题更加严重。在本章，我们提出了很多条具体的政策，我们认为这些政策提议如果被采纳就能够解决美国制造业在培养和雇用技术工人方面遇到的问题。这些政策最终能不能得到实施，首要的问题是企业能不能通过成本效益的考验，本章的分析清晰地回答了这个问题，我们的提议完全可以通过最严格的成本效益考验。

为了保证制造商能够获得它们所需的劳动力，有关各方必须在现有措施的基础上采取进一步的行动。我们都要清楚，这个建议是有利又有弊的。首先，我们提议当局在公共政策上采取积极的应对措施，满足制造商的需求；其次，现有的教育机构要进一步提高绩效，我们也指出了相应的步骤。

我们认为，一个全新的生产制造体系已经在美国形成，我们的政策提议就是围绕着这个中心来进行的。为了保证美国现有的体制能够满足制造业的人才技术要求，我们要加强劳动力市场的媒介作用，提高社区大学和高中的教育水平，降低制造业的就业风险，把年轻人吸引到这一行业。要使这些步骤行之有效，用人企业也要承担相应的责任，要和当地学校合作，要愿意和当地其他企业就劳动力市场方面的问题进行交流，要给在职员工提供更多的培训，还要重新审视它们不断压低起点工资的薪酬制度，因为现在这个行业的起点工资即使是与对技术要求没有那么高的服务业相比，也一点优势都没有。

我们的分析以大量实地调查和采访为基础，在美国各地对制造业企业、政府官员、学校进行了大量采访，对制造业企业进行了大规模的问卷调查，这些问卷调查的结果给我们提供了详尽的用工问题，列举了相关证据，还描述了企业和教育机构，尤其是与社区大学之间的关系（具体细节见本章附录2-1）。

就业背景

20世纪七八十年代以来，美国培养技术工人的体制经历了巨大的变化。制造业的情况尤为如此。在这之前，美国的技术工人很大程度上是在大工厂长期服务的，公司内部就有一个活跃的劳动力市场，大公司提供大量的内部培训，培养人才；在这以后，工人服务的公司变小了，他们被同一家公司聘用的时间也短了，公司架构大多变得扁平，升迁的层次也变少了，大多数培训都是在公司外部进行的，由各种教育机构或者劳动力中介机构提供。

制造业公司的平均规模已经大大缩小了，在美国本土的大型工厂数量急剧下降。公司规模变小了，这改变了公司内部培训的成本和效益。小公司很难在内部培训中得到规模经济效益，这也使得不管是正式的还是非正式的内部培训都很难开展起来。

另一个影响企业内部培训和技术更新的重要原因是，工作不像以前那么稳定了，职位变动变得频繁了。现在的制造业和以前相比，员工跳槽的机会多了，工作也不那么有保障，企业能够用来收回培训成本的时间短了，工人对需要付出前期投资来获得新技能的职位也更为谨慎，比如说，通过低起薪来交学徒费。

美国的社区、各行各业、工人都在努力适应这个新世界。一个新的人才培养体系正在逐步形成，这个新体系更依赖社区大学和工作培训计划等外部参与者。我们常常看到企业和当地的两年制学院、非营利培训机构、政府机构联手为在职和潜在工人设计并实施培训计划。培训计划的资金来自多方面，企业本身会出一部分资金，学院、各级政府、各种基金会、工人自己都会出一部分钱。在某些地区，这个新制度已经有多年历史，有了长足的发展。在另外一些地区，这个新体系裹足不前，到目前为止都未能填补旧制度解体所带来的培训空缺。

通过对这个新体系的观察，我们得出的结论是：从公共政策的角度来看，这个过程的独立参与者人数大为增加，这些参与者之间必须紧密合作，才能培养出一支优秀的技术人才队伍。因为新体系有多个组成部分，和旧体系相比，它更加容易因为市场的原因而失败。这个新体系的最大问题是如何协调这么多参与方的行动。每个参与者的动机和策略都不同，他们都在为各自的目标而努力。如果各个参与者的策略是互相冲突的，这个新体系就不能很好地培养出企业所需要的技术人才。第二大问题是投资水平的问题，或者是努力程度的问题。在这个新体系中，没有一个参与者能够把为整个体系做贡献带来的好处完全归为己有。由于大多数的好处都归整个社会所有，参与者就会因此减少投资，这是一个非常典型的做法。一个形象的比喻就是：

> 最大的问题是要大家朝着同一个方向划这条船，即协调的问题；第二大问题是每个人划船的力量、强度要适度，即好处是全社会的。

这两大问题是导致新的人才培养体系失败的主要原因，我们在本章提出的政策建议都旨在解决这两大问题，有的政策建议是针对一个问题的，有的则可以同时解决两个问题。我们提出的政策建议的效益一定大于成本，因为这些政策不适用于外部培训机制还没有建立起来的新地区。在新体制已经取得长足发展的地区，新体制和旧体制相比，需要做的维护工作多很多。它就像一个花园，需要不断的照管，以免环境中某个主要因素突然恶化了。企业内部培训的参与方的利益都大体一致，这是一件自然而然的事情；新体制则不同，很多地方都可能出现矛盾，比如说，不同的用工企业有不同的需求，大家对培训内容也会有不同意见，参加培训的人们的目的也有可能不一样。因此，本章的政策推荐不但适用于外部培训机制发展良好的地区，还适用于在这方面落后于人的地区。

措施 1：双学徒制

为什么有些企业在聘用技术工人方面遇到那么多挑战？最常听到的答案是：人才的供求关系是一个生态系统，有用工困难的企业没有和人才供应方建立起有效的联系，导致企业间不断地互相挖角，或者是因为技术工人短缺而影响到工作、生产的安排。

生态系统最好的例子应该是德国的双学徒制。在德国，人人都知道企业协会、工会和政府联合起来开发了一套全国性的职业培训课程，大部分的年轻人在临近高中毕业时都会参加一个课堂学习和在岗学徒相结合的培训计划。大家都同意，这个计划提供的培训质量很高，培训出来的技术人才是德国竞争优势的一个重要来源。值得注意的是，植根于高度发达的人才输送环境的德国企业，对这个制度的依赖也是根深蒂固的，就算是到了美国，即使有外部环境的掣肘，它们也尽可能地努力复制在德国的那一套人才培训制度。

不过，要在美国完全复制这个德国模式是不现实的。首先，美国没有像德国那样强大的行业协会和工会。而且，是否能够在美国建立这样一个统一的制度，大家对此意见不一，其中一个原因是，大家并不认为这样的制度是件好事情。但是，美国也不是没有资源，美国的社区学院体系就有可能成为高质量技术人才的一个重要来源。但是，如何才能更好地把企业和教育机构联系起来还是一个很重要的问题，因为只有这样，才能不断提高人才供应的数量和质量。我们认为，劳动力市场中介机构在这里扮演着一个至关重要的角色，它们鼓励和推动这个中介模式向前发展，对人才的培养和输送起着正面的推动作用。

一般来说，劳动力市场中介就是把劳动力市场的各个参与者联系起来的实体或机构。劳动力市场中介还会进行一些有益于整个社会的活动，比如说信息的收集、募集资金和倡导政策，因为这些活动和劳动力市场的其他参与者不存在直接的利益关系，它们不可能去从事这些活动。参与到技术人才的培养及供求的各方是毫不相干的个体，中介机构就像胶水一样把它们黏在一起，把它们之间的各种反馈传达给有关参与者，使整个系统不会因为协调不到位而面临失败。下文将会介绍到，可以发挥中介机构作用的有用工企业的行业协会、地方政府的用工企业理事会、致力于经济增长和增加就业机会的非牟利团体。

如果技术工人市场完全没有中介机构，会发生什么情况呢？考察一下这种情况也是很有好处的。我们采访了一家铁丝笼子生产厂商，这家公司成功地获得了高利润的航天工业订单，但是却在聘用有技术的生产工人方面遇到了很大的困难。虽然这家公司位于一个大城市，当地各种各样的教育机构也很多，按理说当地的劳动力市场应该有充足的技术工人，但和这家公司一样的公司并不多，没有在当地形成行业规模，而且这家公司的规模也不够大，吸引不了地区性社区学院的注意力。

这家公司基本上是处于一种孤立无援的状态，这让它根本就招不到自己需要的技术工人。通过内部培训来培养出自己的人才这条路也走不通，因为它害怕别的公司会把培养好的人才都挖走，从而陷入了技术工人短缺造成的危机。这种问题的最佳解决办法是，和其他地区有同样用工需求的企业联合起来，与社区学院合作，请求学院针对它们的用工需求设立一个培训项目，因为它们的用工需求加起来就能够为这个项目的毕业生提供足够的就业机会。现在美国面临的主要问题是美国没有相关机构，也没有一套机制把这个解决方案变成现实。要改变这个现状，美国就要把中介机构的作用传播开来，在各方面支持中介机构，让它们变得更加强大。

我们在实地考察过程中，发现了好几个中介机构发挥作用的好例子。但值得注意的是，虽然这些机构都采取了相似的行动，取得的效果也大致相同，但它们的组织机构、隶属的单位却很不一样。

措施 2：以用工企业为主导的中介机构

PRODUCTION **制造业案例**
IN THE INNOVATION ECONOMY

柯达公司与芒罗社区学院

纽约州罗切斯特是世界上最大的光学制造商集散地，柯达公司、博士伦公司、施乐公司都是在这里创办的，在 20 世纪的大部分时间，这些公司与康宁（Corning）等光学、光子学公司是这个地区雇用工人人数最多的企业。在 20 世纪 80 年代的鼎盛时期，柯达公司在罗切斯特地区雇用了 6 万多人。

在 20 世纪 60 年代，柯达公司和芒罗社区学院一起合作创建了一个两年制的培训课程，专门培养光学技术员。这个课程提供物理、光学工程方面的培训，课程毕业生可以到光学企业就业，从事精密镜头打磨和抛光仪器的操作等工作。有几十年的时间，这个培训课程基本上都是由柯达公司资助的，课堂上也都是柯达公司的学徒。这个课程的受益者也不只是柯达公司。大多数毕业生受雇于像柯达公司那样的大企业，在大企业中度过自己的职业生涯，也有一些毕业生到当地的小公司里担任技术创新的领头人。但是，由于行业的变化、商业决策的错误，柯达公司辉煌不再。到了 20 世纪 90 年代，柯达公司的员工数量不断下降，在罗切斯特雇用的工人人数只有5 000多人。面临如此剧变，柯达公司退出了和芒罗社区学院的合作，也不再资助这个学徒课程了。2005年前后，这个课程的学生只有不到10人，芒罗社区学院也想把它取消算了。罗切斯特大学已经关闭了它的光学制造中心，虽然这个中心已经成功创建了好几家光学公司。

最具讽刺意义的是，虽然柯达公司逐渐式微，罗切斯特作为一个光学企业集中地，业务却是蒸蒸日上。这些年来，很多小公司成长起来，正在蓬勃发展。这些公司有的给3D电影放映机生产镜片，有的给半导体平板印刷过程生产配件，有的生产精密的玻璃打磨、抛光仪器。这些公司想聘用光学技术员，因此对芒罗社区学院培训课程现状表示担忧，课程还有可能要关门大吉这件事更让它们忧虑不已。但是，没有一家公司有足够的财力和用工需求来给芒罗社区学院培训课程做一个"造市者"。而且，每一家公司的需求也不同。如果课程内容太贴近某一家公司的需求，就会把其他公司排除在外。最后的结果是，这些公司不能以同一个声音去和社区学院沟通，它们的需求也不能叠加起来，社区学院从它们那里也得不到清晰、连贯的需求反馈。罗切斯特的技术人才培训系统处在危如累卵的境地，落到这个田地不是因为市场需求不足，而是因为中介协调缺失。

这个故事的结局也给我们指出了解决协调缺失的方法。就在芒罗社区学院准备将光学培训课程关门大吉的时候，一个敢干敢闯、富有创新思想的人登上了一个行业协会的领导岗位，这个行业协会叫做罗切斯特区域光子集合（RRPC）。这个人意识到现在的罗切斯特光学行业是一个以中小型企业为主体的行业，这些企业必须团结起来，不然它们就会失去一个培养技术人才的重要项目，而这个项目一旦失去了，就很难有人能够担起这副重担。RRPC 和当地一家光学公司的一位勇于革新的领导人联合起来，他们一起去找到了芒罗社区学院，请芒罗社区学院再给培训课程一个机会。他们组织了一个由当地中小型企业领头人组成的顾问委员会。RRPC 和小光学公司的主管们还到当地高中去做工作，让高中毕业生报名参加这个培训课程。这些年来，高中的就业辅导员都不知道这个地区还有光学方面的就业机会，因为这个行业失去了像柯达公司那样众所周知的巨型企业，取而代之的各种特色小公司，它们都寂寂无闻，就像光能（Optimax）和光专（OptiPro）这些公司一样。RRPC还说服了康宁公司给芒罗社区学院的培训项目捐了 50 万美元，让它们购置新教室和教学设备。还有一家小公司赛德光学（Sydor Optics）又捐了 25 万美元。简而言之，这个地区的企业都需要芒罗社区学院的毕业生，它们对这个培训项目也有兴趣，甚至愿意为它捐款，但是它们之间缺乏协调。它们需要一个中介机构，RRPC 担起了这个重任，把这盘散沙堆集起来，形成一个整体。[1]

措施 3：就业委员会

马萨诸塞州的斯普林菲尔德是一个历史悠久的制造业中心，这里的制造业可谓百花齐放，其中机床工业又特别发达。根据汉普登郡 2012 年地区就业委员会（REB）数据，2011 年，这里有 42 家精密器械制造厂商，雇用了差不多4 000 名员工。直到最近，雷诺士（Lennox）、联合科技（United Technology）、斯普林菲尔德兵工厂等大公司都有内部的学徒培训计划，这些小公司都可以从这些学徒培训计划中得到自己所需的技术人才。过去，还有很多人接受了培训之后跳槽到小公司去工作的，因为有人喜欢小公司的工作环境，也有可能是想有朝一日成立自己的公司。不过，我们采访的公司告诉我们，虽然这个做法在一个时期内还是挺管用的，但是随着大公司内部培训的减少，这个方法也就不那么管用了，而且，用接受我们采访的人的话说，这些大公司在这里的运作也逐渐变成了只是"设计和组装"，真正的制造过程已经不是它们的重点。这样的后果和罗切斯特有着惊人的相似之处——许多企业都面临着技术工人短缺的难题。

PRODUCTION **制造业案例**
IN THE INNOVATION ECONOMY

美国模具和加工协会

有一段时间，它们通过一家培训机构来解决这个问题，这家培训机构是由美国模具和加工协会（NTMA）在当地的分会主办的。培训机构的资金来源是美国劳工部的一笔专门拨款，最近这笔拨款停了，于是这些公司便茫然不知所措了。正如前文所说，这些公司既没有意愿也没有能力来进行内部培训，它们就走回了所谓的行业"标准"做法的老路——互相"偷"员工。

面对这样的难题，NTMA 向汉普登郡地区 REB 求救。REB 是一家政府中介机构，在联邦政府就业培训法规的授权下代表企业、政府机构、教育机构实施 1998 年《劳动力投资法案》（*Workforce Investment Act of 1998*）。REB 在美国的各家分会表现差异很大，很多分会只是把自己当成了美国政府资金的流通管道，没有一点主动性。汉普登郡 REB 的态度则完全不同。它从 2005 年就开始为本地企业和教育机构牵线搭桥，鼓励这些教育机构设立更多的相关课程，这是一个艰巨复杂的任务。在这之前，企业和教育机构老死不相往来，教育机构本身也不主动和企业打交道。在某些学校，个别员工和企业有联系，但整个机构和企业之间的联系很弱。汉普登郡 REB 的员工和 NTMA 的所有成员企业都见了面，还和 5 家职业培训高中、2 所社区学院见了面。这些会面的目的是收集企业需求的数据，掌握学校课程设置的情况，包括现有的课程和有能力开但是还没有开的课程。这个实地调查的结果由 REB 的人执笔，写成了一份备忘录，参与调查的企业和学校都在上面签字表示同意备忘录表达的一切。REB 的员工到各家企业和学校去请那里的领导人签字，来保证参与各方对这个项目的责任感。

这个过程的结果是，斯普林菲尔德的 REB 为了满足该地区精密制造业的技术人才需求，建立了一整套相当有分量的培训课程和活动。其中一项活动是收集数据：对用人企业进行人才需求调查，以及收集高中和社区学院制造业专业的在校学生人数数据。在 PIE 委员会开展这项调查活动之前，我们对相关技术人才的供求情况一无所知，也没有数据告诉我们供求是否平衡。我们还帮助企业和学校直接联系起来，让学校更好地按照用工企业的需求改进课程设计，安排学生就业。REB 的具体做法是鼓励双方多聚在一起，也采取了一些正式的步骤，比如加强学校咨询委员会建设，让用工企业的领导人当委员会主席等。此外，REB 还为用工企业组织了一个主管培训计划，还出资建立了一个失业机械加工业工人的培训计划，REB 还是这个培训计划的管理人。他们还组织招聘会；

为了提高高中生对制造业的兴趣，他们也组织高中生到企业去参观拜访。由于 REB 采取的这些行动，现在这个地区的企业都组织起来了，增强了互相之间的合作，积极主动地和为它们提供人才的学校打交道，满足自己的用工需求。就这样，REB 帮助斯普林菲尔德地区的企业解决了一个人才培养方面的大问题，而这个问题出现的根本原因就是协调不佳。

措施 4：非营利性的社区中介

2008 年，在大辛辛那提基金会（Greater Cincinnati Foundation）的倡导下，竞争力劳动大军合作社（Partner for a Competitive Workforce）成立了。2013 年，合作社归为它提供办公场所的辛辛那提团结会（Cincinnati United Way）管理。在辛辛那提有好几家机构为它提供运作资金，美国劳工解决方案基金会也提供部分资金。这个机构负责的地域范围是俄亥俄州西南部、肯塔基州北部和印第安纳州东南部的交界地区，负责解决这个地区的劳动力供应问题。制造业是它重点关注的几个行业之一，其他的重点行业还有健康保健业、建筑业、高科技行业和金融业。

这家机构为当地的社区学院提供制造业课程和认证方面的支持，还为其他为社区服务的机构提供同样的服务。在合作社的安排下，当地企业保证给拿到这些证书的新聘员工及在职员工多付一点工资，和没有拿到证书的员工相比，这些新聘员工的小时工资会高一点点。此外，合作社还和当地几家企业进行合作，在企业内部开展学徒培训计划，并给开展此项计划的企业给予一定的补贴。最后，就像罗切斯特和斯普林菲尔德一样，合作社还和当地的学校合作开展各种职业探讨活动，提供年轻人对制造业就业机会的兴趣。

虽然取得了一定的成功，但合作社和美国其他地方一样，在制造业技术人才的培养方面也面临着挑战。当地制造业公司的起点工资都不高，而且一直没怎么涨，这种情况再加上制造业负面的行业形象，让年轻人不愿意踏入这一行。用工企业只有到了火烧眉毛的时候才会和合作社合作，这样就很难开展积极主动的、富有前瞻性的培训计划。我们问合作社的工作人员，如果合作社的预算奇迹般大幅增加，他们能够使活动参加人数翻番吗？他们的回答是不一定，主要原因是很难让用工企业参与到他们的活动中来。

这个例子告诉我们，成功的中介机构并没有一定的模式，它们的主办单位、资金来源各不相同。我们也并没有列举所有模式，还有很多模式我们没有涉猎。成功的中介机构有一个共同点，就是它们解决了缺乏协调引起的问题，它们组织的活动只对整个社会有好处，而对每个参与者没有直接好处。但是，在以市场为主导的经济体系下，这种中介机构不会自动产生，导致失败的原因也不会得到自动解决。因此，政府就要通过政策来填补这一空缺，直接成立这种中介机构，或者给这种机构提供一定的资源，或者综合使用这两种手段。

中介机构一般不会直接提供培训，它的角色是把用工企业和当地的教育机构连接在一起。中介机构要发挥作用，而当地的教育机构必须要有能够满足用工企业需求的课程设置、培训能力。换句话说，为了创造一个切实可行的人才培训体系，美国不但需要相应的机制来克服新条件下人才培养体系特有的市场不足，还需要人才培养体系中的原材料，即能够不断改变自己、培养出高质量的毕业生的教育机构。社区学院就是这种教育机构的最佳例子，现在我们就来重点讨论一下社区学院。

措施5：社区学院

社区学院已经成为培养新一代制造业人才的重点机构。当然，美国的制造业人才培养体系也不是社区学院一枝独秀的。有些地区的技术高中也很强，而且在另外一些社区，非营利机构、社区自己主办的机构也直接提供技术培训。

但是，在设计和提供有行业针对性的高级技术培训方面，社区学院还是主力军，出现这种情况的原因有以下几个。

◎ 和其他非营利培训机构以及其他任何培训机构相比，社区学院的规模都要大得多，资源也要多得多。

◎ 长期以来社区学院对利益相关者都保持一种开放的态度，这已经形成了一种文化。很多社区学院努力让用工企业参与到课程设计中，也就毕业生的培训质量向企业征求反馈意见。

◎ 社区学院还非常重视当地政府官员和家长的意见。

这种特有的开放性意味着，想要在新的经济环境下进行员工培训的个人和组织可以频繁地和社区学院进行互动，要想和别的教育机构，比如说高中，进行这种互动就很困难。

根据美国国家教育统计中心 2008 年数据，美国一共有 1 100 所社区学院，有 700 多万在校学生在修读有学分的课程。[2] 大多数学生都在攻读学位课程，少部分也在读证书课程。我们不能确定有多少学生在读非学分课程，这些课程有些是直接的职业培训，有些则是娱乐性的，因此不是所有的州都保留这些学生的数据。但是，有关专家同意，上非学分课程的学生人数和上有学分课程的学生人数非常接近。因此，我们估计美国各地在社区学院修课的人数大概是 1 200 万。在两年制的学位课程中，有一半是职业培训的，所有拿证书的课程，不管有学分的还是没学分的课程都是职业培训的。社区学院教育的回报率非常高，不管拿到的是两年的大专学历还是在某一方面的短期证书，回报都相当可观。我们就这个问题采访了很多人，他们学习的专业也各不相同，给我们报告的回报率在 13% 到 38% 之间。[3] 不过我们对社区学院文凭的回报率研究就没有那么深入，但是得出的回报率也还是可观的。美国教育和劳动力中心发布了一篇研究报告，报告指出 12% 的成年人持有毕业证书，高中毕业证的回报率高达 20%。根据这篇报告给出的数据，持有金属加工文凭的拿到的工资在所有证书持有者中是中位数。

我们看一下这些社区学院的最佳例子，就明白社区学院扮演的重要角色了。在选择这些例子的时候，我们不是只看每一个社区学院的情况，而是要找出和外界建立了制度化关系网的社区学院。我们专门挑选了密歇根的麦库姆社区学院作为这方面的典型，它和美国政府支持的先进技术教育计划（ATE）以及北卡罗来纳州的生物网络（BioNetwork）的建立发挥了很大的作用。

PRODUCTION **制造业案例**
IN THE INNOVATION ECONOMY

麦库姆社区学院

麦库姆社区学院位于底特律北面。这些年来，底特律的汽车行业遭受了一波又一波的打击，麦库姆社区学院也深受其害。刚进入 21 世纪时，从克莱斯勒（Chrysler）来学院上课的学徒每年都有 1 000 多人，现在只有 90 人了。麦库姆社区学院于是把重点转到为中小型企业培养技术工人上，填补了这些企业的技术人才空缺。该学院还不断将先进的技术流程带到所在地区。通过联邦政府的 ATE 计划，麦库姆社区学院得知加利福尼亚州有一个高科技汽车课程，现在它正在和加利福尼亚的机构合作把课程移植到底特律来。

不只是麦库姆社区学院觉得 ATE 计划很重要，其他想要改善和制造业企业关系的社区学院都可以从 ATE 得到很大帮助。ATE 是在 1992 年成立的，帮助美国各地 30 多所社区学院开设了制造业课程。我们对密歇根州、南卡罗来纳州和康涅狄格州的 ATE 中心进行了采访。这些采访让我们确信 ATE 计划对提高社区学院课程材料很有一套。而且，在 ATE 的帮助下，社区学院还可以尝试不同的授课方式，比如，让学生在学年期间和暑假期间参加实习。麦库姆社区学院能够有效地利用这套计划，因地制宜地填补区内制造业的人才空缺。有学者对 ATE 进行了深入的评估，评估的结论是：这是一套行之有效的做法。

位于北卡罗来纳州杜伦地区（Durham）的研究三角园（RTP）是一个世界一流的生物制药集群地。RTP 和其他生物科技和制药集群地不同之处在于，这里除了有处于领先地位的研究中心，还有大量的生产制造企业。北卡罗来纳州的生物网络在这里发挥了很大的作用。生物网络把北卡罗来纳州的社区学院团结起来，共同提供劳动力培训服务。生物网络的总监告诉我们："北卡罗来纳州有 58 所社区学院，每所学院都需要生物网络，但是没有一所学院有足够的财力来成立自己的生物网络，生物网络就这样应运而生了。"2011 年，生物网络通过短期班的形式培训了 4 300 名学生，超过 80% 的学生是在岗工人。在很多情况下，课程打着本地社区学院的牌子，上课的老师是生物网络的合同教师。生物网络还对几千名中学生开展了外展活动，向他们介绍生物制药产业及产业就业机会。生物网络基本上就是起到提高效率的作用，让小型社区学院避免了不必要的重复，给它们提供了资源。

生物网络最新的创举是设置了一所移动教室，其实这是一辆大型的娱乐房车，里面有实验室设备和排烟柜，作为生物技术培训的流动教室。有了这个流动教室，生物网络就可以把课

> 堂设到北卡罗来纳州的企业去，企业生产就不会因为员工外出培训受到影响。这样得到的结果是北卡罗来纳州的社区学院及有关机构，比如像生物网络这样的机构，就能够在这个分散型的人才培训体系中填补更多的人才缺口，别的州因为没有这样灵活多样的人才培养机构就只能望洋兴叹了。[4]

社区学院面临的挑战：问卷调查结果

拿到一个社区学院学位或文凭的回报率很高，但整个社区学院系统其实面临着很大的挑战。社区学院很容易受到协调不畅的影响。其实，社区学院并没有形成一个整体的系统。在这里使用"系统"这个词其实具有误导性，因为社区学院通常是归州政府管，而不是归美国联邦政府管的。而且，在有些州，社区学院通常只在出资的社区中活动，具有很大的自主权。一个地区有一所社区学院，这很有创新精神，对区内企业的需求也反应灵敏，但是这并不代表区内所有社区学院都像这所社区学院一样，能够提供高质量的培训课程，也不能保证它们之间能够起到互补作用。各所社区学院表现很不一样，除此之外，每个学院、每一个学科的辍学率都很高，这不是一个制造业学科面临的问题。[5]

虽然社区学院很重要，但是有关社区学院和制造业企业之间关系的数据却不多。PIE 委员会对美国将近 900 家具有代表性的制造业企业进行了问卷调查，其中有一整套关于这种关系的问题，我们想通过这套问题来判断社区学院在制造业生产工人培训中扮演的角色（第 1 章对问卷调查做了详细说明）。

社区学院的覆盖面很广。对问卷调查做出回应的企业中，88% 的企业说有社区学院为它们所在地区提供服务。但是，社区学院和制造业企业之间的来往并不多。在有社区学院提供服务的制造业企业里，只有49%的企业说它们和社区学院就核心工人的培训和招聘进行了讨论。当我们问是否和社区学院建立了确切的关系时，这个比例就变得更低了。在回答有接触的企业中，只有43%的企业说社区学院给有经验的核心员工上过课，18%的企业说社区学院给新员工和潜在员工上过课。

调查得出的最后结果是，只有21%的企业曾经邀请过社区学院来给核心生产员工提供培训。虽然大家都认为社区学院是培养高素质技术工人的重要机构，但大多数的美国制造业企业并不利用社区学院来为它们培养员工。

我们问曾经邀请过社区学院来提供培训的企业是否满意，得到的回答还是挺正面的。89%的企业说社区学院非常有用或很有用。也就是说，真正和社区学院合作过的制造业企业绝大多数都对其服务质量很满意。我们还可以从另一个角度来看社区学院提供的服务，即重点考察制造业企业如何评价社区学院培养出来的工人，而不问企业对学院本身的评价如何。有社区学院毕业生来应聘核心生产岗位的企业中，81%的企业觉得社区学院应聘者文化课知识好或很好，50%的企业觉得这些应聘者的岗位专业技术好或很好。当然，这些回答的前提是，37%的企业回答说从来没有社区学院的毕业生来应聘，虽然它们所在地区有社区学院。

对于企业和社区学院之间的沟通顺不顺畅这一问题，得到的回复令人不安。总的来说，57%的企业认为当地的社区学院和企业沟通不畅。这个结果说明了，我们在前文讨论过的中介机构非常重要。

通过分析社区学院培训的频率和企业规模之间的关系，我们能进一步加深对社区学院培训的了解。企业规模越大，企业使用社区学院对员工进行培训的概率就越高。在员工总数不到50人的企业中，只有14%的企业曾经安排过社区学院培训；员工人数在100到499之间的企业，这个比例是44%；员工人数在 500 以上的企业，这个比例是 59%。这样看来，社区学院是新的人才培养体系中一个非常重要的资源，但是很少有小企业对这个资源加以利用。我们知道，过去几十年间，企业的平均规模已经大幅下降，制造业企业大幅削减了原有的内部培训，这意味着再过一段时间，一些小型制造业企业会和这种新的人才培养系统脱节，在这方面遇到很多问题。

总的来说，研究表明我们对新的人才培养体系的特点把握得很准确。用人单位对社区学院，特别是对这些机构教授的文化课知识评价很高。它们对毕业生掌握的岗位专业知识持保留态度，但是有一半用人单位还是认为，这方面的技术也是好或很好的。值得注意的是，很多用人单位并没有和当地社区学院建立关系，社区学院毕业生也没有去当地企业应聘过。这些研究结果表明，制造业产业中有一部分企业由于信息不流通和协调不到位，还没有参加到这个新的人才培养体系中来。这还表现在用人单位对社区学院沟通能力的评价上，与对毕业生掌握的技术和总体质量的评价相比，用人单位对社区学院沟通能力的评价要低得多。这样看来，新的人才培养体系是分散型的，对体系的管理比培训课程的内容设计更加重要。

措施 6：高中

在全美范围内，大家把很多精力投入到学校改革中，这些注意力大多被集中在如何提高低分学生的分数上，并没有多少精力被放在高中这个教育阶段上。但是，高中还是值得重视的。高中的教育质量和毕业率不仅和制造业有关，它们的影响范围也远远超出了制造业，我们的研究对它们表示关注，是因为受到这两个因素影响的年轻人有可能选择从事制造业生产工作。

我们其中一个研究结果是，在社区学院很强的地区，比如北卡罗来纳州和俄亥俄州，很多用人单位需要的技术水平低于两年制社区学院学历的知识水平，但是又比一个典型的高中毕业生应该掌握的知识水平要高。在某些情况下，高中毕业生只要到社区学院去读一个短期证书课程，就可以达到用人单位需要的技术水平，但是在有些情况下，由高中直接培养出这些人才可能更加实惠一些。

有人指出，只有高中文凭的人，平均工资都很低，所以一定要尽可能地鼓励学生接受高等教育。这个观点被广为接受，因此对高中毕业生的职业前景、技术培训这些话题的讨论就很难开展起来。大家都担心，如果学校告诉一些学生，他们应该去上职业高中，不要再学习文化课、准备上大学了，人们会指责学校是以社会地位（种族）为基础，将学生分成三六九等。

这种担心不无道理，但是也要考虑到其他因素，做出权衡取舍。有些职业技术高中的教育质量是很高的，它们提供的课程水平可以媲美社区学院的短期证书课程，甚至和社区学院的大专学历不相上下。其中一个例子就是位于马萨诸塞州廷斯伯勒市的大洛威尔技术高中（GLT）。GLT是一所职业技术高中，它的毕业生就业率一向很高。罗得岛州的企业都会慕名而来，定期来找学校负责毕业生就业安排的工作人员要毕业生，而不去离他们更近的其他职业学校。学校如此成功的部分原因是因为它的教学设备和高级课程质量一流。比如，GLT的工作人员说，学校的汽车技术课程所用的教室和现实生活中的汽车修理厂的大小、设备完全一样，和南新罕布什尔大学的汽车技术教室是一样的。另一部分原因是马萨诸塞州有一个优良的职业高中体系，这个体系着重培养学生的动手能力，和别的州相比，马萨诸塞州职业高中生在岗学习的时间要长得多。

GLT如此成功的最主要原因还是采用了个性化的教学方法。GLT不只向学生灌输职业所需的技术，还会有专人来对学生进行辅导，检测他们的学习，给他们提供培养领导能力和管理能力的机会。学校给在成绩等方面达不到高中要求的初中毕业生开了一个特别的准备营地，让他们为进高中做更多的准备工作。进营地的学生必须上够一定时间的辅导员课程，上了多长时间的课都有记录。

更重要的是，学校课程开展生产活动时，GLT 都让学生来管理这些项目。比如说，最近学校进行装修，学习电脑辅助设计的学生就负责制订规格和施工计划。学校的餐厅也是由学生管理的。GLT 为制造业企业设立的课程有机械加工、金属加工、电脑辅助设计和电子学。高质量的实际应用教学以及以学生为中心的领导能力开发，使得 GLT 能够满足所在地区制造业企业的人才培养需求，还给年轻人开创了一条切实可行的职业道路。[6]

遗憾的是，大多数社区都没有这样高质量的职业技术高中。我们在这里要阐明的观点是，高素质的生产工人并不一定是花很多钱在四年制大学里培养出来的。社区学院、高质量的职业高中，以及其他机构提供的就业培训都是值得考虑的选择。一个行之有效的方法是把部分社区学院的课程搬到高中来学，也就是高中生安排出一定的时间来上社区学院水平的课程，这些课程是可以拿到学院学分的。对这个方法的评估结果表明这样做大幅提高了高中学生的毕业率，也提高了这些学生进入高等教育机构学习的比例。其他学区也有其他把高中和社区学院连接在一起的方法，这些方法里都有技术培训的成分。

虽然说高中作为制造业劳动力培养体系的一部分值得重视，但分散型人才培养系统面临的挑战也集中反映在高中上了。很多企业在接受我们采访时都说，他们和所在地的高中没有联系，有些又说他们曾主动和高中接触，但是校方没有回应。因此，我们的目的就是要在学校系统和当地企业之间建立一个反馈环。在罗切斯特，一家专门为当地的光学产业服务的中介机构就建立了一个这样的反馈环，他们和当地的科学老师一起为高中开发了学院的低年级课程，还为高中生建立了光学实验室。[7]

指路项目（PLTW）是另一项把高中和产业联系在一起的举措，它们开发和产业相关的课程，给高中和初中提供科学、技术、工程和数学（简称 STEM）方面的课程。指路项目在美国各地将近 5 000 所高中落了户，它们的课程以项目为主导，对学生要求非常严格，到目前为止效果很好。评估结果表明，参加指路项目的学生和其他学生相比考试成绩较好、出勤率较高、对大学更感兴趣，到了大学后选修相关课程的比例较高。

学校也要在很多方面保持平衡。学校是负责提供通识教育的，如果学校的激励机制让学校偏重于某一学科的教育，或者是完全按照某个用人单位的要求设置课程，是不对的。但是以此类推，如果接受通识教育的学生毕业后既不能上大学又不能参加工作，这也是个问题。

措施7：短期工作政策与再培训机会结合

很多用人企业认为，不管怎么说，大家就是不愿意为制造业企业工作，而很多全国性的美国产业协会也同意这个说法。企业说，招工难的最大原因是年轻一代都不愿意从事制造业工作。用人单位好像是事先统一了口径似的，都说制造业"名声"不好。他们说，现在的年轻人都以为制造业的工作环境都很热、很脏、很危险。如果工作环境真的很难熬，用人单位就会说现在的年轻人不能吃苦耐劳，比不上老一辈了。经常听到的一个说法是，家长和学校里的职业辅导员通常把生产技术工人这个职业选项排除在外。

很多人说，制造业生产工人供应不足的另一个原因是选修 STEM 课程的学生太少了，学生的数学知识一届不如一届。但是让人不解的是，研究表明接受 STEM 教育的人数并没有减少，反而上升了。[8] 说到数学知识，美国国家教育进步评测（National Assessment of Education Progress）在 2008 年做出的长期趋势评估是：2004 年以来，9～13 岁学童的数学成绩在提高，17 岁学生的数学成绩保持着一个稳定的水平。

我们的调研也不支持"员工供应短缺是一个大问题"这样的说法。我们的数据指出了只有 25% 的企业有填补不了的长期空缺职位，面临高水平长期空缺的企业只有 16%。而且，在回答"职位长期空缺的主要原因是什么？"这个问题时，只有 5% 的回应者说"太少人申请了"。

在这些证据面前，这些企业的说法站不住脚。在今天失业率高企、工作机会稀少的环境里，大家没有理由拒绝机会。虽然实地考察和问卷调查让我们有充足的理由对这些说法表示怀疑，但在某些情况下，这种说法还是可以成立的。得出这个结论并不是因为我们完全听信企业的一面之词，而是建立在我们对企业和年轻人的研究上的。以我们前面讨论过的高质量职业培训计划为例，即麦库姆社区学院的机械电子学课程和北卡罗来纳州及康涅狄格州的先进技术教育课程。学生们通过这些课程得到了高质量的现代制造业技术培训，毕业生都能找到很好的工作。但是，这两个课堂并没有爆满，都有空位。没有足够的人来申请工作的另一个证据是，我们看到了企业管理人员把大量的时间花在拜访学校、举办招聘会、带领学生们参观工厂上，他们还组织旨在吸引学生的其他很多活动。时间就是金钱，如果这些企业不是真的面临着招工难，就不可能在吸引学生上投入这么多资源。

这一切让我们不得不重新审视这个核心问题：为什么这些岗位的劳动力供应总是不足呢？学生、家长和职业辅导员为什么对制造业的就业机会兴趣不大呢？一个合理的猜测是，这个产业的就业前景黯淡，而且风险还很高。美国劳工统计局数据表明，在 2000 年到 2010 年间，制造业职位减少了 1/3。在这种事实面前，学生和家长们对报读机械电子学培训计划心存顾虑是可以理解的，虽然培训出来有可能得到一个工资比较高的岗位，但是这个岗位可能没过多久就搬到海外去了。另外一个原因是，虽然很多制造业职位的小时工资还可以，但是很多人刚开始时的工资都在每小时 12 美元到 15 美元之间，并不比其他行业的起点工资高。学生们面对的现实是：要工作一段时间后才能拿到每小时 20 美元以上的工资，而参加培训的岗位 5 年后可能就不复存在了，为了这样一份工作报读一个两年制的社区学院大专课程，是否值得？退一步说，报读一个 9 个月的证书课程都不一定值得。对刚刚入行的新人来说，风险确实存在，没有一家企业可以独力降低风险。但是，政府政策可以改变要入行的年轻人面对的现实，让他们不再对制造业的就业机会敬而远之。配套政策可能要有非全职工作失业保险（也称为短期工作政策），加强对失业工人的培训等。

制造业波动很大，职位流失也多，如何减轻这些情况对工人的冲击是政策挑战所在。非全职失业保险就是让企业在不景气时，可以选择减少工人工作时间，由两个人来分担同一个岗位的工作，而不是一定要裁员。在这种情况下，工人就不是全职工作了，收入也因此减少，但减少了的收入由失业保险来补上。美国很多州都有这样的选择，现在有 23 个州实施了这个方案，但是没有人积极推动政策实施，也没有向用人单位大力宣传。这样很可惜，因为凯瑟琳·亚伯拉罕（Catherine Abraham）和苏珊·豪斯曼的研究表明，在实施了这项政策的州里，这项政策成功地降低了制造业失业率，最近通过的立法延长了工资税削减，其中的几个步骤都是为了鼓励州政府实施这项政策的，也在这方面对州政府进行了补贴。[9] 短期工作政策的另一个好处是，它可能不知不觉地对企业的培训和招聘产生影响。延长工人在同一个岗位的平均在岗时间，也就延长了企业收回培训投资的年期，这样就可能激励企业加大对员工培训的投入。如果工人刚入行就拿高工资，在同一家企业工作的时间又不长，企业的风险就很大，但是如果工人在岗时间很长，企业的风险就降低了，因为工人在岗一段时间才能技术纯熟，进入高产期。

短期工作政策减轻了临时裁员的负担，还可以推迟长期裁员。但是，从本质上来说，这是一个对产业周期性波动的反应措施，而劳动力市场需求的变化是长久的，短期工作政策没有从根本上解决这方面的风险问题。工作 3 年或 3 年以上时间的工人失业后，如果还能找到工作的话，收入也会减少 20% 左右，但是很多人运气都不够好，找不到原来从事的工作。有证据表明，很多失业工人，特别是那些曾经上过技术培训课程的工人，接受再培训后还可以拿到比失业前还高的工资，虽然很多人对这个现象持怀疑的态度，但事实确实如此。[10] 现在只有申请到佩尔助学金（Pell Grant）的失业工人才能接受免费再培训，但是很多失业工人没有资格申请这种助学金，如果这些失业工人也可以在社区学院或其他地方获得大量的培训，这就是一个很大的进步。工人接受的再培训数量一定要够多，而现在我们对失业工人的帮助还停留在短期培训和求职协助这个层面上，需要对这种形式进行改革。[11]

把短期工作政策、再培训机会结合起来，应该可以打消年轻一代、家长和学校职业辅导员对制造业职位的顾虑，消除制造业工作不稳定、波动大的负面印象。我们要指出的是，在这个科学技术日新月异、全球化无处不在的环境里，要学生们在一个充满变数的行业里进行技术投资，就要建立一些制度上的措施，来降低这些人的投资风险。上文讨论的短期工作政策和再培训都不能全面解决制造业固有的工作不稳定问题，在很多情况下，这只是应急之举，保险等其他方法也不是很可行。能从根本上解决这个问题的方法就是改善整个制造业的现状，让它重新变得生机勃勃。只有这样，美国才能降低制造业工作不稳定这个风险。

措施 8：改善认证体系

制造业劳动力短缺让大家认为有必要建立一个全国性的美国技术认证体系。主要就是建立一个美国各地都承认的单元化证书系统，学生通过一个单元的考试就可以拿到一张证书，可以读很多个课程，拿到多张证书；证书供用人单位在招聘和提拔时参考使用。认证体系就要找出用工企业需要的每一项技术或几项技术的组合。认证体系再设计一套培训课程和考试流程，经过培训、通过考试就代表掌握了这套技术。要认证的技术可以是金属加工的某些技术，也可以是覆盖面广一些的安全、质量管理技术等。据美国白宫新闻秘书处称，美国前总统奥巴马在弗吉尼亚州社区学院演讲时对这个概念表示支持，这个概念也得到了社会各界的广泛支持，很多基金会、雇主协会和非营利机构都对这个措施表示支持并参与到标准开发中来[12]。既然大家都对认证体系给予大量支持，我们就要认真考虑一下，这个体系能够如何帮助美国解决当前面临的大问题。

技术认证体系也不是一个现在才有的想法。1992年，美国劳工部设立了22个试点认证计划，在1994年推出了《美国2000年教育目标法》(Goals 2000: Educate America Act)，成立了美国技术标准委员会负责为所有产业开发技术标准，并在美国范围内推广标准。大家都认同技术标准认证是事出有因的。第一，它和美国基础教育相似，都通过标准化来保证教育质量，教育专家们也都同意标准化是一个行之有效的策略，要应用到其他领域也很容易。第二，以德国为例的其他国家，在培养高质量制造业劳动大军方面取得了很大成功，它们的人才培养体系很复杂，但是这个复杂体系是围绕着标准认证来展开的。

我们对认证体系的看法是，它可以提高制造业劳动力质量，但也不能夸大它的作用，把它作为劳动力策略的核心。技术认证有助于解决劳动力短缺的问题，但它只是一整套策略中的一部分。

认证体系如果得不到用人单位认可并加以使用，就会失去有效性。企业必须在自愿的情况下使用这个体系，必须有一套强有力的激励措施，企业才会使用。但是，制造业企业决定不用这个体系的理由很多。

第一，美国现在也有一套现成的技术认证体系，企业现在就可以使用这套体系。即使没有新的认证体系，美国在这方面也不是一无所有的，一直以来，美国各地都有社区学院的大专学历及其各种证书。我们在讨论社区学院时，也说过各种证书和大专学历的回报率都还挺高的。这个情况说明，现有的认证体系是得到企业认可的，能够让企业判断出应聘者的技术水平。而且，这些州政府监管下的体系还可以让社区学院根据当地企业的需求，因地制宜地设计培训课程，而一个全国性的统一体系还不具备这样的灵活性。

第二，这个美国性的体系增强了工人的流动性。有些企业会担心随着这个全国性认证体系的推广，工人更加不受企业约束，跳槽跳得更厉害了，如此一来，企业在这些工人身上的投资就得不到回报了。

总的来说，企业对这套体系的采用率有多高，现在还很难说，但是，20 世纪 90 年代也进行过相同的尝试，那时候的结果也有一定的参考作用。研究机构 Mathematica 的研究表明，当时采用该认证体系的州没几个，美国政府会计办公室的一个审计报告也指出，他们找不到这套体系对企业的好处。这些评估也有失公允，因为当时实施的是试点工程，缺乏广泛支持，但是这些评估让我们对现在推行的新体系也不能过分乐观。

我们调查的结果表明，担心用人企业不采用认证体系并非杞人忧天。我们的问卷中有一个问题是："你们在招聘核心员工时，有没有采用正式的产业技术认证体系，比如说产业协会、全国性的测试服务公司提供的证书？"在回应的单位中，对这个问题回答"有"的只有 7.3%。

面对这么多顾虑，主张建立新的技术认证体系的人可能会说，新体系对企业的激励要多一些，还可能是强制执行的，不像以前的体系是由企业决定是否自愿使用，这样做的原因有三。

◎ 新体系的支持者可以说，一套全国性的认证体系可以提高工人在各州之间的流动性，这种情况下的劳动力市场会比现有的效率更高。比如说，如果没有全国性的认证体系，一个从密歇根州来得克萨斯州应聘的人，把他从密歇根社区学院拿到的证书递交给招聘管理人员时，管理人员就不能根据这张证书来对应聘者的技术水平做一个合理的判断。

◎ 他们还会说，社区学院的质量参差不齐，而认证体系是提高制造业教育质量的工具。

◎ 他们还会说，无论一个地区的社区学院体系运作如何良好，在某些产业的人才培养方面还是会有缺陷的，因为毕竟还存在协调和沟通的问题。

企业对工人的流动性有顾虑，但有证据表明，这应该不是一个大问题。高流动性和强有力的认证体系并不一定如影随形。德国工人在同一家企业工作的时间比美国工人要长得多，但是它们强大的认证体系是全国性的。此外，也没有证据证明美国的认证体系会提高工人的流动性。将制造业工人和建筑工人做比较，会更加贴切一些。建筑工人有一套发展完善的全国性认证体系，这两类工人的教育水平和职业性质也相似。虽然建筑工人的认证体系理论上让他们更具流动性，但根据美国人口普查局 2012 年的调查数据，在 2011 年到 2012 年间，建筑业和制造业员工跨县搬迁的比例几乎完全一样。[13]

认证体系可能会鼓励教育机构集中精力提高制造业技术的培训质量。主张社区学院要发挥更大作用的人可以把认证体系作为一种工具，把它作为衡量学院进步的标准。通过在全美推广认证体系，让很多有名望和有实力的机构都对这个运动表示全力支持，这场认证运动便真的能够让大家聚焦制造业的人才需求，提高教育机构的培训质量。

这种情况下，认证能够发挥的作用就不局限于让资源不足的社区学院有能力提供更高质量的课程。现在，资源雄厚的社区学院自己就能够开发出高质量的课程来，但它们和企业的沟通是不畅的，经常不知道企业的需求情况。就像罗切斯特光学产业的例子一样，产业结构的变化及组织失当使得人才培养体系供求关系失调。

我们要清楚地认识到认证体系能够发挥的作用，而不是对它抱不切实际的幻想，以为改善现有的认证体系就能够改善美国制造业企业的人才供应状况。

用人单位方面的因素

就像价格是供求之间平衡的结果一样，就业状况不只是供应方单方面决定的。在前文中我们对供应方可以采取的措施进行了深入的探讨，现在我们要讨论一下需求方在招募、聘用和培训工人时采取的措施。要解决企业招聘技术工人难这个问题，用人企业也必须行动起来。在现在这个新的分散型人才培养体系中，用人企业更要积极主动，多和外界接触，还必须给原有的人力资源制度升级，和区内其他用人企业、学校建立起合作共赢的关系，共同解决人力资源方面的问题。

企业面对着很大的竞争压力。在一个制造业企业的成本中，劳动力支出只占 15%，但是，企业要削减时，员工总是首当其冲。进入 21 世纪以来，职位削减非常严重，这也是企业在追逐其他战略目标的副产品，但是，在这个过程中，企业也制造了自己的招工难题。有两个问题特别值得我们关注。

第一，很多企业削减了员工培训方面的投资，一方面认为技术人才短缺，一方面减少员工培训，这真是令人啼笑皆非。在问卷调查中，我们问到了企业在正式培训方面的投资，只有 22% 的企业说过去 5 年里，它们在这方面的投资增加了。

第二，起薪太低了，我们在第 1 章也指出了，制造业岗位工资增长一直停滞不前。我们前面也讨论过，年轻人不愿意踏入制造业是情有可原的，当把制造业工作面临的风险和起薪放在一起权衡时，这个起薪和其他服务产业相比并无优势，而其他服务产业还没有整个产业都在衰退的风险，他们的决定真是顺理成章的。我们采访的很多企业已经在和区内教育机构合作方面投入了很多资源，它们为教育机构出谋划策，还给教育机构提供现代化的教学仪器，让它们能够更好地进行培训。但是，我们采访的一些劳动力市场中介机构对我们说，要引起企业注意，一起来解决它们面临的劳动力市场难题是非常难的一件事，特别是那些劳动力市场低迷的地区，要克服的困难就更大了。

结论

虽然制造业面临的技术人才短缺问题不像有些人说的那样，是一个影响到整个产业的问题，但是我们的调查表明，有一小部分企业在招聘技术工人方面遇到的困难是真实的。我们认为，这些困难很多是因为美国的人才培养体系大变革引起的。这个新的人才培养体系取代了沿用了几十年的企业内部培训及劳动力市场的旧体系，虽然这个新体系在某些地区已经发展得很好了，但是另外一些地区正在经历着艰难的转型。新体系的特点是企业通过外部参与方，比如社区学院等机构，来培养自己需要的技术人才。因为这个新体系不像旧体系那样集中在一家企业的屋檐下，所以这种分散型的体系很容易受到协调不当、公共资源供求不平衡的影响；即使体系运转顺畅，它也需要更多的维护和注意力才能保证劳动力市场运转良好。

新体系的成功运作关键在于，中介机构能否发挥作用，教育机构是否能够灵活地满足当地企业的人才需求。这方面的例子我们也举了很多了。最后，我们的调查结果表明，把各个参与者联系起来是最关键的，让企业、社区学院以及其他培训资源建立起合作共赢的关系，这比提高某个学院的某个课程的教育质量更为重要。现在有很多针对提高教育机构培训质量的措施，但是我们的论点是，各界为解决制造业劳动力问题投入了大量的资源，这些资源的大部分应该用于中介机构的创立和运作中，用于建立一个有效的社区学院网络，用于克服各方沟通不畅带来的问题。我们必须知道，给单个机构提供金钱激励，或者是让各个学院为了奖金参与到制造业培训项目的竞赛等措施，是不能从根本上解决制造业人才培养方面的问题的。如果这些新措施里没有中介机构或其他解决沟通不畅的方法，这些措施就会在最亟须它们的地方失败，而在那些不需要它们的地方成功。

我们正在美国范围内就制造业是否存在着人才短缺，如果有人才短缺，缺的又是什么样的人这些问题展开激烈的辩论，每一个学生和工人的教育状况和事业选择都是这场辩论的一部分。我们也仔细研究了供应方存在的障碍，很多人说就是这些障碍阻碍了技术工人走进制造业。我们的论点是，学生、家长、学校里的就业辅导员对制造业的职业生涯有顾虑，是面对制造业工作不稳定、整个产业都在衰退的理性反应。现代制造业需要的人才必须具备工程学和高科技生产技术，想要大家在这方面进行投资，国家就要利用短缺工作政策和完善的失业工人培训体系来降低投资风险。

建立一套全美性的技术认证体系也是解决制造业人才供应短缺的一项措施，我们对这项措施的潜力进行了评估。我们的结论是，这种体系不会改善劳动力流动性，但是可能在提高社区学院有关制造业的教育质量方面起一定作用，还可以帮助改善教育机构和企业之间的沟通。

最后，我们指出，在现在这套新型的人才培养体系中，用人企业需要变得更加积极主动，和其他机构建立起合作关系。企业必须和教育机构、中介机构、政府机构以及其他参与者紧密合作，才能得到需要的人才，保证现在和未来都欣欣向荣，蓬勃发展。

新的人才培养体系有很多个组成部分，如果企业和制定政策的人集中精力，把每一个部分都建设好，并且不断加强各个参与者之间的沟通与联系，美国的人才培养体系就一定能够培养出制造业企业需要的各种技术工人，无论大小、产业，企业都能得到它们需要的技术工人。

PRODUCTION IN THE INNOVATION ECONOMY

3

创新的培育

市场化过程中面临的资源难题

伊丽莎白·B. 雷诺兹　　海勒姆·M. 扎梅尔　　乔伊斯·劳伦斯

　　高科技新创企业不断涌现，它们开创了一个创新新模式，这些新创企业在开发新技术、进入全球化市场的过程中，必须寻找互补资源。这些企业在美国面临的创新生态环境让它们在企业发展的关键时期到海外去寻找互补资源，国内的融资环境不畅，海外市场和客户的需求增长快，国内缺乏规模生产的资源，这些都成了促使企业向海外看的推手。

美国的决策者一直在热烈讨论如何在金融危机引发的大衰退之后，重新让经济恢复原有的活力，很多人都认为重建昔日辉煌的关键在于创新。美国在产品、服务和商业模式创新方面非常优秀，与最新科技发展有关的创新更是如此。美国在风险投资方面也处于领先地位，在风险投资的支持下，每年都有很多凭借创新技术建立起来的新创企业，很多创新都是由新企业完成的，这成了一种常见的经济新模式。[1] 不久以前，研发部门都是垂直一体化的大企业内部结构的一部分，它们是美国创新的主要动力。但是，20 世纪 80 年代以后，小型新创企业利用周围的创新生态体系进行了很多创新活动。把创新开发成产品及服务，过去是由大企业在企业内部进行的，现在的新常态则是新创小企业和许多外部发明家和参与者合作，共同进行科技发明。这种创新形式已经成为美国创新和经济发展的新源头。

既然新创企业在美国的创新活动中起着发动机般的带头作用，我们就必须研究它们向市场推动创新的过程。新创企业早期做出的选择决定了这家企业以后在哪里、如何发展，也决定了这家企业能不能发展起来。这些小企业和垂直一体化的大企业不同，它们都选择和自己匹配的外部互补资源，比如说分销和制造能力，这样它们才能避免在发展早期做过多沉没投资。由于需要互补资源，这些企业需要跨越国境线去寻找商业化过程中的必需投入。要把新科技开发成市场接受的产品，新创企业持有的创新技术只是粗略地组合在一起，需要反复琢磨才能变成可以投放市场的产品。这些反复琢磨的活动通常在企业之间往返进行，能够带来很多新的资源。新创企业应该和谁一起进行这些活动？这些活动应该如何开展呢？问这些问题有意义吗？我们的论点是，这些活动的性质决定了活动中使用的都是科学技术的前沿知识，因此这些活动对创新过程和国家创新能力都有重大影响。

新创企业应该如何从创新中赢取利润，提供策略的文献多如牛毛。[2] 各个参与者之间的融合和外部经济对这些新创企业影响深远，对各方面进行探讨的经济地理文献也同样汗牛充栋。[3] 虽然这些著作研究的问题有重叠之处，但是它们研究的对象不同，策略的研究重点是单家企业，经济地理学的研究重点是产业集群地。企业层面的决策对国家长远竞争力有何影响，这方面的学术研究很少。我们在这里展示的研究工作把企业的产品商业化过程与创新、经济发展等覆盖面更广的问题联系起来，指出企业决策给整个国家创新体系带来意想不到的后果。

我们的研究对新创企业如何开发和扩大以新技术为基础的产品、服务和流程进行了探讨，并分析了在这个过程中起到决定性作用的因素。企业扩大生产的策略对美国创新"生态环境"和美国经济发展的影响是什么？很多学术著作指出了美国创新生态环境的不足，加里·皮萨诺和威利·史从工业环境公共资源流失的角度进行了论述，乔希·勒纳（Josh Lerner）从这些小型新创企业有限的融资模式进行了讨论。我们的研究是建立在现有的创新策略理论基础上的，我们的采访发现企业层面的决策突出表现了美国现有创新模式的弱点，并为这个论点提供了从企业实际运作中总结出来的论据。我们的研究重点说明，经过长时间发展起来的领先优势被转移到了海外，危害了美国将来的经济活动和创新能力。我们还仔细研究了一些正在进入或者是将要进入商业化阶段的高度创新企业。

我们的研究对创新商业化的研究有两大新贡献。

第一，我们把现有的框架和产品开发的不同阶段结合起来。我们强调在复杂的科技开发过程中，企业都是在知识刚刚粗略成章的时候去寻找互补资源的。

第二，我们把研究延伸到经济地理学的领域中去，仔细分析了企业创新策略对创新生态系统产生的影响。乔舒亚·甘斯（Joshua Gans）和斯科特·斯特恩（Scott Stern）的研究表明，构想的市场不但影响着企业的策略，还会影响到不同地区将来的创新能力。我们同意，在创新开发早期，企业大多可以在当地找到所需的资源，但是我们发现，在开发后期，外国参与者扮演着越来越重要的角色。我们一向认为，美国可以长期保持创新的领先地位，这个发展趋势对这种传统观念提出了挑战。

我们的抽样对象是 1997 年到 2008 年间通过技术使用许可权从麻省理工学院拿到了核心技术的企业，这 150 家企业都有占比很高的生产制造成分。我们采访了其中一部分企业的高管。这些企业的技术都处在科技发展的前沿，需要的先进制造业能力非常复杂，这些企业要把创新开发成产品、服务、流程的时间和投资比非生产性企业（如软件企业）要多得多。这些企业也对美国创新生态环境进行了考验，看它是否能够很好地支持创新科技企业的产品开发。

我们发现，美国为企业进入商业化阶段提供了丰富的资源，这时企业还在对原型机进行反复琢磨，建立试生产设施，有些企业还进入了商业化生产阶段。我们抽样的企业都能够在这个科技发展的探索阶段找到所需的人才、资金和其他所需的资源，顺利地走过基础研究、应用研究和早期市场展示阶段。[4] 但是，当企业要扩大规模，进入商业化大生产阶段时，它们需要更多的资本、更大型的生产设施，以及首先带头采用新技术的主要客户，这时，企业往往把生产制造功能搬到海外去。

搬迁的时间是企业发展的关键时期，这时候，企业的技术和制造流程都还没有完全成熟固定下来，也没有形成板块化生产。企业还要用很长一段时间来反复琢磨，才能建立科技开发的能力。我们把这个阶段称为"边造边学"的阶段。在这个阶段，很多知识都还是只藏在参与人员的脑子里的，还没有变成相应的文字固定下来。这种心照不宣的知识和文字记载下来的知识不同，需要大家面对面、近距离地进行交流，这就让知识"黏"在一个地方，使流动性不那么强，不易于长距离沟通。长期以来，这种知识的"黏稠性"对就业机会向海外迁移起到了阻碍作用。我们在采访中发现，企业现在愿意甚至必须在技术开发早期就把生产制造功能搬到海外去，尽管这时生产制造流程还没有成形。企业在这时候迁移到海外，就意味着掌握了这些心照不宣的知识的人员也必须随之搬到海外，于是主要的技术人才、创新能力和知识开发就都搬走了。我们认为这些资源外流有两个后果：第一，对创新投入的公共资源得不到应有的回报，也就是创新没有带来应有的经济发展；第二，这些重要资源都搬到了海外，会削弱美国将来的创新能力。

每家企业都根据客观、理性的准则来决定，是否要把科技开发及相应的生产流程迁移到海外，它们都对当时创新生态系统给予各种激励因素，尤其是对经济激励因素进行全面分析、权衡之后才做出决定。但是，在科技开发和经济发展的关键时刻把生产流程搬到海外，这种集体行为对美国来说是一种损失，因为这意味着美国失去了科技开发下一阶段可以获得的知识、技术和其他资源。为了鼓励创新，政府会将公共资源投资到大学研究和刚刚成立的新创企业上，这些投资使得新创企业不断诞生。但是，我们认为只在美国创立企业是不够的，还要让它们在美国发展壮大。很长一段时间以来，政府针对企业把生产流程留在美国制定并实施了不少激励制度，但是得到的结果并不理想。尽管如此，我们还是认为应该采取适当措施，让企业把科技开发、扩大生产的全过程都留在美国，因为这是有益于整个社会的事情。虽然要把所有的生产流程都留在美国是不现实的，但是以我们样本企业为代表的新兴产业必须不断地对创新生态系统提出人才、资源方面的要求，这个生态系统才能生机勃勃，为创新提供肥沃的土壤。

从新创企业的创新策略中获利

新创企业，尤其是那些以科技创新为主业的新创企业，都有一些很独特的特点，这些特点往往会对企业的长期存在产生威胁。新科技开发早期很不稳定，除此之外，新创企业还需要大量的资金来弥补创业初期的负现金流。很多人都想抄袭它们的技术，和它们一样的新创企业以及巨头企业都想要先发优势，在这种情况下，保护知识产权对新创企业至关重要。很多学者对企业在这种特殊情况下采取的策略进行了研究。新创企业和老牌企业是合作还是竞争？对影响企业做出这方面选择的研究特别多。因为资源有限，新创企业必须决定是把资源投放到上游的材料开发中，还是下游的市场推广和营销渠道上。

新创企业要从事生产制造活动就会面临更多挑战，比如，创新周期拖长会导致对资金需求大大提高，生产设施需要的技术也很复杂。它们必须决定生产制造由企业自己来做，还是把部分或全部生产过程都外包出去。总之，新创企业在把创新从构想到原型机再到规模生产，最后到产品销售的整个过程中，要不断地做出很多重要决定。

互补资源

关于新创企业策略的学术研究很多，大家都想搞明白企业是如何从创新中获利的。大卫·蒂斯（David Teece）在 1986 年指出，决定新创企业和现有企业是合作还是竞争的主要因素有两个：新科技的专属性（即是否容易被模仿），以及生产、营销和市场推广等互补资源的所有权。蒂斯的这个研究开创了一个新的研究课题，很多学者跟随着他的足迹开展了这方面的研究。甘斯和斯特恩重点研究了新创的高科技企业，他们指出新创企业需要的很多互补资源都为同一产业的大企业所拥有，这些大企业都有侵占新创企业的创新技术的动机。这样一来，新创企业就处于一个两难的境地，要使它们的创新得到最高的估值，就必须向大企业透露很多产品细节，但同时又担心透露太多了会对自己的知识产权造成威胁，因为大企业可能会成为它们的合作方，也可能成为竞争对手。如果新创企业善于开发，而现有企业控制着互补资源，新创企业和现有企业合作的好处就大于竞争。新创企业通常是在探索发现阶段和开发生产阶段寻找互补资源。[5] 它们必须辨别哪些资源是一般资源，也就是可以取代的资源，哪些资源是对它们特别有帮助、能够为它们提供竞争优势的资源。新创企业必须决定是否要在生产设施、市场推广和销售渠道进行投资，不过，新创企业承担了投资风险，也只是复制了现有企业的资产，并没有有效地利用稀少资源，这些沉没成本很可能得不到合理回报。

融资和互补资源的新来源

新创企业是否做新资产投资的一个决定性因素是，它们是否能够拿到需要的资金。为高科技新创企业提供融资的通常是高风险资本，主要是独立的风险投资人（VC）和大企业旗下的风险投资部门（CVC）。虽然风险投资长期以来都是新创企业融资的主要来源，但它们也受到企业特点的限制，比如说不同的投资者有着不同的投资目的，这些因素可能会限制风险投资向新创企业投入的资金数量。繁荣、萧条交替循环的经济周期也是一个挑战，也会使得新技术企业资金供应不足。这些不确定因素都不是新创企业能够控制的，都会影响到新创企业为大型固定资产进行融资。另外，风险投资企业的专业分工也越来细，很多风投公司只对企业发展的某个阶段进行投资，因此新创企业的创始人就不得不时刻寻找下一轮投资，不能确定现有的投资者和未来的投资者是否能够接受它们的投资计划。

让我们感到有趣的是，通过它们的 CVC 部门，跨国企业在新创企业融资领域越来越活跃。英特尔公司和通用电气公司就是 CVC 的最好例子。美国风险投资协会汇报说，自 20 世纪 90 年代后期互联网泡沫以后，2011 年是 CVC 投资最多的一年。这是一个重要的发展趋势，因为 CVC 和传统的 VC 不同，它的资源要深广得多，除了资金，它还有现成的供应链和生产制造网络，不用在固定资产上投资，它们利用现有的资源就可以帮助新创企业把创新商业化。互补资源变得越来越全球化，知识产权还有了可以做交易的二级市场，对年轻的新创企业来说，CVC 作为合作伙伴的魅力越来越足了。在这些潮流的推动下，一个持有互补资源的上游或下游企业对新创企业的投资兴趣变得更加浓厚，给的估值也更高了。

除了 CVC，外国政府也开始为美国高科技新创企业提供互补资源。为了在自己的国家和地区播下新科技和先进制造业的种子，外国政府在向美国新创企业提供直接开发投资的同时，还提供厂房、设备和员工培训等间接投资。新加坡政府积极争取生物科技企业，俄罗斯要的是纳米技术企业，中国要吸引的是清洁能源企业，这些都是这个潮流的典型案例。

新创企业最终在哪里找到互补资源，对未来的经济发展有着很大的影响。企业可以通过并购、投资、联盟或者结成战略合作伙伴等方式获得互补资源，但是，美国经济和新创企业要为海外的互补资源付出的代价是沉重的。研究表明，全球化使得外国企业更容易收购到美国新创企业，截断研发活动对下游生产制造的带动作用，也会截断相应的经济发展。

互补资源在年轻的新创企业发展过程中是必不可少的。为了能够使用新科技，让自己发展壮大起来，美国新创企业越来越多地和跨国企业和外国政府联手，因为越来越多的互补资源是由它们提供的。这种联手对每家企业的发展是很重要的，但美国却把投资和新资源创造迁移到国外了。离开新创企业发源的国家或地区，对未来的创新和经济发展都会带来负面的影响。

麻省理工学院新创企业的研究

麻省理工学院技术许可办公室（TLO）样本

为了更好地理解新创企业在生产制造方面的决策流程，我们仔细研究了1997年到2008年间，通过TLO获得企业创立所需的技术使用权而建立起来的企业。TLO的任务就是要把麻省理工学院实验室的创新引进实体经济中，那些在美国大学研究和私人企业之间充当桥梁的机构中，TLO是最成功的。[6]比如，2011年，TLO公开了694项注册发明，申请了305项专利，持有199项美国专利，帮助成立了16家最低起始投资为50万美元的新创企业。

虽然TLO新创企业不是美国高科技新创企业的最佳典型，但它们是这类新创企业中最有条件成功的。这些企业的产品都代表着最前沿的科学技术，它们还和学术界和风险投资产业保持着良好的关系。一直以来，麻省理工学院和波士顿的大学在把新构想商业化方面成绩斐然，波士顿一直都是美国数得上的创新中心，所以我们把TLO案例看作是"关键案例"。[7]我们认为这些样本企业应该是最有可能在扩大生产上取得成功的企业。反过来，如果这些享有如此丰富的当地资源的企业在扩大生产上都遇到很大困难，那些不在波士顿或坎布里奇地区的新创企业没有一流的创新大学为背景，遇到的困难之多就更难以想象了。

1997年到2008年，189家企业凭借TLO的技术专利成立了。我们的研究重点是那些有生产制造功能的企业。因此，我们把 29 家软件企业剔除在外，还有另外 10 家企业也被排除在外，因为我们怎么也找不到和它们有关的最近数据。这样剩下来的 150 家生产制造型企业就是我们的研究样本。[8]

通过这些有 5 ~ 15 年历史的企业，我们研究了企业发展的各个阶段，从企业成型阶段到原型机阶段再到试生产阶段，有些情况下甚至连商业化生产阶段都覆盖到了。成立时间长一些的企业，很多都进入了大规模生产阶段，产品已经完全商业化，投放到市场中了。

研究方法

为了更好地理解这些企业的发展轨迹，我们在这个研究项目中收集了这些企业的融资、所有权、运作状态的过往数据。除了 TLO 提供的数据，我们还用了 VentureXpert、Lexis-Nexis 以及 Compustat 的线上数据库，建立了自己的纵向数据库。我们还对其中一部分企业进行了深入采访，和企业一起回顾了从创新到大规模生产所走过的历程，对企业选择产品开发策略的方法有了进一步的了解。这些方法综合起来，让我们更深入地理解高科技新创企业在把创新商业化的过程中，如何做决定，又是如何从研发走到产品阶段的。

如表 3-1 所示，在这 150 家制造型企业中，59% 的企业以独立的身份继续活跃在市场中，21% 的企业被并购了，20% 的企业关门了。罗伯特·霍尔（Robert Hall）和苏珊·伍德沃德（Susan Woodward）对美国风险投资支持的企业进行了研究，发现这些 TLO 企业的生存率比他们的研究结果高了 150%。生物制药和医学设备产业的企业占了样本总数的 60%，半导体和电子产业的企业又占了 17%，先进材料企业占了 10%。从地理分布上看，63% 的样本企业总部设在马萨诸塞州，15% 的企业在加利福尼亚州，其他的分布在美国各地，3% 的企业则在海外。绝大多数企业没有或者是很少有营业收入。只有 15 家企业 2011 年的营业收入超过 500 万美元。在这些企业中，3 家的营业额超过 1 亿美元，只有 1 家的营业额超过 10 亿美元。

表 3-1　　　　　　麻省理工学院 TLO 企业（1997—2008 年）

产业	建立的企业	占全部生产企业的比例（%）	拿到风险投资的比例（%）	还在运作的比例（%）	倒闭的比例（%）	被并购的比例（%）
先进材料和能源	15	10	33	73	27	0
生物制药	58	39	59	55	26	19
医药设备	31	21	52	65	3	32
机器人	5	3	0	60	20	20
半导体和电子产品	26	17	85	62	19	19
其他	15	10	33	47	27	27
全部生产企业	150	100	55	59	20	21

探索阶段的创新生态环境

通过 VentureXpert 的数据库，我们知道 82 家样本企业接受过 VC 或者是 CVC 的风险投资。这 82 家企业融资总值是 47 亿美元，其中 71% 来自 VC，12% 来自 CVC。[9] 有些企业融资的数额很大，33 家企业融资超过 5 000 万美元，在这 33 家企业中，14 家融资又超过 1 亿美元，这证明市场对它们的技术坚信不疑[10]。57% 的企业经过 5 年的营业还在融资，37% 的企业成立 7 年了还在融资，17% 的企业成立 10 年了还能够拿到高风险投资。

在风险投资支持的 82 家企业中，几乎一半的企业拿到了 CVC 和 VC 两样投资。在生物制药企业中，从战略合作伙伴 CVC 那里拿到的投资只占融资总额的 8%；战略合作伙伴 CVC 的投资占了半导体企业融资总额的 21%，差不多是生物制药企业的 3 倍。企业要为扩大生产融到大量资金的另一个方法是进行

IPO。82 家企业中，只有 9 家走了这条路。这 9 家中，8 家是生物制药或医疗器械企业，剩下的 1 家是电池生产商。总的来说，数据表明，在科技开发的探索阶段，这些企业在融资方面没有遇到什么困难，都能够融到相当数额的资金，即使这个阶段很长，也没有影响到企业的融资能力。

我们只选择了那些能够达到一定规模的企业进行采访，首先采访的是 15 家年营业收入超过 500 万美元的企业。[11] 虽然企业还不能够产生大量的营业收入，但它们必须向潜在投资者发出不断进步的信号。基于这个道理，我们还对拿到超过 5 000 万美元风险投资的企业进行了采访，它们代表了企业持续保持着市场潜力。这又给我们增加了 11 个采访对象。我们对这 26 家企业进行了 17 次采访。[12] 这些高度创新的企业大多数位于技术水平高、在科技发展上处于领先地位的地区，这也是意料之中的事情。接受我们采访的 17 家企业中，7 家在波士顿，9 家在旧金山硅谷地区，另外一家则在德国柏林。

稠密的人才市场和劳动力网络节点

对这些年轻的新创企业来说，能够很快找到各种各样的人才很关键，在企业发展初期尤为如此。在这段时间，实验室和生产车间的反复交流特别多，新技术开发的拦路虎会跳出来，这时新技术的优势和局限也会逐步显示出来，在这个基础上可能要改变原有的策略，采用新策略。一个半导体企业高管说，在这个阶段内，"高智商"人才至关重要。一家企业估计高端技术人才的工资占了总预算的 70%。企业把办公室安置在靠近各种专业人才密集的劳动力市场。

能够快速地招聘到所需人才非常重要。某企业需要聘请仪器工程师、流程工程师、设备工程师和一支微电机系统团队，他们一夜之间招了差不多 25 人。由于企业需要在相对短的时间内招聘到一支由各个专业的专门人才组成的技术团队，它们一般都把企业设在靠近专门培养各种人才的高等院校的地方，这些院校长期以来都以盛产优秀工程毕业生著称；还有些企业把办公室设置在工程师人才储备丰富的地区，这些人才储备是前几轮工业创造浪潮留下来的。我们采访的 5 家半导体企业都是根据这个标准选址的。我们在波士顿地区采访的生物制药企业也是如此。

把新创企业纳入资源网络非常重要，这些资源包括资本、人才、潜在战略合作者和最先采用新技术的客户，作为创业过程的一个重要方面，这些方面的研究也很多[13]。在我们研究的创新小企业里，总有一个关键人物，这个人在企业形成的初级阶段发挥了关键的作用，他能把企业与各种资源、人才和合作伙伴联系起来。这群独特的人对产业了解很深，经验丰富，地方关系网强大，在企业发展的三个阶段（企业形成阶段、市场测试阶段、把新技术和原有体系整合在一起的阶段）发挥的作用最大。

在多个案例里，我们看到风投资本家担任了这家企业灵魂的角色。他们在看到一项新技术的潜力后，把相关的知识产权从不同的大学集合起来，组成了最初的团队，把企业建立起来。在这里，这些人扮演了愿景家的角色，他们了解某一项技术的巨大潜力，把相应的知识产权和团队组织起来，建立了一家公司。其中一个例子发生在医药设备产业，这个领头人到 5 所大学才把相应的知识产权收集齐，出资建立团队，最后一起建立了一家价值 10 亿美元的企业。

这个特别的人和特定产业的关系密切，还能把新创企业介绍给潜在投资者和合作者。我们在研究过程中遇到了好几个这样的产业关键人物，他们在一个产业中耕耘多年，参与了好几家企业的建设，在这个产业中备受推崇，地区创新关系网很强。新创企业的技术是否能够为市场所接受？能否存活下来？企业在回答这样的问题时，往往都在一个这样的人的指导下进行市场测试。这个人还能够帮企业找到最合适的投资者。其中一个例子是，在这个关键人物的安排下，一个潜在大客户从亚洲来到麻省理工学院看原型机。这个潜在客户对原型机表现出极大兴趣，客户的热情给了他们信心，于是他们决定全速前进，成立了公司，开始招兵买马，并开始融资。

在新创企业开发产品初期，企业必须决定它的技术应该怎样融入现有的产业体系中。这时候关键人物就成为推动企业发展的催化剂，因为他们对产业现行的生产架构非常熟悉，知道新技术如何才能在现有产业体系中融会贯通，还知道哪些设施最适合用来引入这项新技术。一群从大型综合性石化企业退休的生产高管成为行业的关键人物，在他们的帮助下，好几家企业应运而生，因为他们知道哪个工厂具有将一项新科技进行整合的管理和技术能力。这些关键人物还可以在需要的时候把经验丰富的生产工程师召来，保证新技术可以无缝插入现有的生产线，因为如果生产线因为新技术介入而中断，项目就会失败，以前很多项目都是因为这个原因失败了。

我们的抽样企业都能够通过这些关键人物接触到各种网络，这是新创企业取得成功必不可少的因素。虽然距离不一定是一个不利因素，但企业把办公室设立在靠近这些网络的地方，还是能够提升网络作用的。因此企业应该设在产业网络稠密的地方。

稠密的供应商市场

对新创企业来说，巨大的专业人才储备是必不可少的，除了人才之外，它们还要用到很多产品、服务和技术的供应商。我们的抽样企业从事的是复杂的制造工作。一家医疗器械企业成功到达了规模生产阶段，其中一个产品有10 000个零件，300家供应商为它生产专属零件，其中65%的零件是由本地供应商提供的。新创企业开始产品开发时，最关心的是速度和质量，成本倒是其次。对它们来说，靠近一个集中很多供应商的基地至关重要，因为这样它们才能很快地拿到所需的零件。

从大学实验室出来的原型机很粗糙，需要经过一个反复琢磨的过程，这个过程有时候在实验室内部完成，有时候和供应商一起完成。这个过程要花很长时间，需要很多劳动力，但是速度和质量是最重要的。因此，企业都喜欢和供应商比邻而居。一个东海岸的半导体企业和一家美国半导体加工企业合作时，对合作关系和时间都失去了控制，最后它们不得不建立自己的半导体加工厂。对这家企业来说，离岸外包不是一个可行的选择，因为把相关人员和技术搬到海外的成本太高了，而且他们的技术非常新颖，要把整个流程搬到海外需要 18个月的时间。他们花了两年时间才把原型机变成一个功能完善的产品。在这个过程中，附近的人才和供应商帮了很大的忙。

另一个例子是一家西海岸的半导体设备企业，他们花了 4 个月把原型机建好了，建好后，他们每 6 个月就进行一次琢磨，这个琢磨过程持续了 3 年，在此之后，他们才把产品发给潜在客户。硅谷地区的半导体企业也都有这样的经历。这些企业在原型机开发阶段都能够在当地找到相当强的供应链。一家企业给我们描述了他们是怎样让两家机械加工厂满负荷地忙了两周，才把原型机系统发给一个潜在客户的。

转折带的融资和资源转移

从上文我们可以看到，在新创企业的探索阶段，企业身处的创新生态环境可谓生机勃勃。这些企业需要的各种资源都唾手可得，它们找到了各个专业的优秀人才，帮他们完成原型机琢磨过程的供应商，能够给它们提供投资者和潜在客户的关系网，支持企业成长的早期风险投资。在技术发展早期，这个生态体系培育了这些企业，让企业能够一心一意地专注于质量和速度。

但是，当企业要从试生产阶段向商业规模生产阶段过渡时，这个生态体系就不堪重负了。为了帮助读者理解这个发展阶段，我们借用了莱斯特和霍尔发明的一个框架，来解释新技术企业的发展进程（见图 3-1）。企业从探索阶段转向利用阶段时，它们在展示产品可行性的同时也在进入规模生产阶段。这两个活动密不可分，生物加工有句行话叫"过程就是产品"，说的就是这个意思。我们把这个时间段称为转折带，这个名称反映了这一阶段的重要性，还反映了这不是一个时间点，而是一段挺长的时间，有时可以持续好几年。

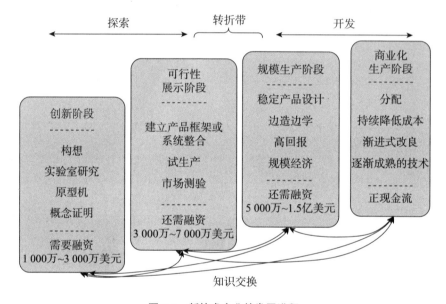

图 3-1　新技术企业的发展进程

融资

我们采访的创新企业在发展早期都能够从风险投资者那里融到大量的资金，长时间支持企业的发展。但是，当企业步入试生产和规模生产时，需要注入新资金才能使整个生产流程成形，进入大规模生产。传统的风险投资人通常只投资早期发展阶段，不在这个时期做投资，而且这个时期需要的资金量也超过了风险投资一般的 1 500 万～4 000 万美元的投资额，这些企业必须寻找新的资金来源。我们发现，这个阶段企业拿到的投资通常来自大企业或者是新兴国家的国家投资资金。一个例子是，一家先进材料企业撤销了 IPO 申请之后，从一个亚洲跨国企业那里拿到了 3 000 万美元的投资，当时这家企业才成立 12 个月。在这个阶段，已经在企业投资了的风险投资人要的是确定性，他们愿意牺牲投资继续上涨的空间来换取确定性。上一轮融资时，投资者从一个亚洲跨国企业那里拿到了钱，他们明白企业有一天可能会被这家外国企业收购。[14]

再举一个例子，一家先进材料公司的总裁说：

> 风险投资的模式不适合生产制造型企业。一家企业需要的资金是 1 亿美元，要 10 年才能建好，风险投资在这样的项目上赚不到什么钱。这样的科学技术风险很高，企业烧钱的速度又快。把 2 000 万美元投到一个软件公司这样的项目更加让他们放心。他们的投资年期要求他们在制造业企业最关键的时刻把钱抽走，也就是当企业要把产品和流程都定下来，准备进入商业化生产的时候……最后的结果是，大家都不再成立这样的企业了，因为这样的企业拿不到投资。[15]

最后，这家企业从一个发展中国家的政府投资基金那里拿到了 4 000 万美元的投资，条件是一些研发和生产必须在那个国家进行。

通过新股上市来融资的企业少之又少，但是这样的企业给这种模式一个有趣的对比。一家综合性手术器械制造商的高管说，他们从风险投资那里拿到了 1.25 亿美元的投资，但这些钱快要用完时，他们通过 IPO 上市了，从 IPO 得到的钱让他们能够再把很长一段时间花在技术开发上。董事会都倾向于把企业卖掉，"在硅谷，98% 的对话都围绕着并购展开，通过 IPO 退出投资的很少"。[16]这 10 家企业现在还是独立的，但是这也是一场意外的结果——他们其中一个产品横跨诊断仪器和治疗仪器两个产业，而且企业管理层坚决不同意董事会要把企业卖掉的决定。

纳米公司

纳米公司是一家纳米技术先进材料企业，一位愿景家把这个领域的一些研究人员召集起来，把他们的研究成果通过许可协议集中在一起，2000 年在波士顿成立了这家公司，公司成立不久就搬到硅谷去了。公司拥有 100 项专利、100 名员工，其中 1/3 的员工有研究生学位。

纳米科技没有特别大的亮点，市场很小，每个产品的针对性很强，没有哪个研究项目能够赚很多钱。很多年来，企业都在寻找可以让技术赚钱的应用项目，同时靠美国国防部和其他私营企业给钱，他们做的研究项目苦苦支撑着。这家企业和多家企业建立了战略合作关系，大家一起开发了好几个产品，还在继续开发新产品。它们租用了中西部一个机械加工厂的地方完成了主打产品的原型机开发，还进行了试生产。到规模生产阶段，它们把生产流程搬到了韩国，因为那里有大规模生产的专长，主打产品的客户都在亚洲。

融资和企业未来方向也是管理层朝思暮想的事情。企业成立不到 4 年的时候，它申请上市，但是由于市场对技术应用前景缺乏信心，它又把申请撤销了。在以后的 12 年里，这家企业融资了 1 亿美元，其中大概有 1/3 是从美国和亚洲战略合作伙伴那里拿来的。这家企业认为企业最好的战略就是被它的美国或者亚洲战略合作伙伴并购。高科技企业的 IPO 并不特别成功，新股发行后多数股价都走低，而并购会给投资者一个确定性。

被一家大的跨国企业并购后,扩大生产的问题也解决了。"保持独立的好处真是不多。"一个高管这么说。

＊公司名称做了改变。

生命科学企业走 IPO 这条路的比例高一些。TLO 有 9 家这样的企业,8 家 IPO 上市了。这些企业受益于 IPO,这个融资方法给它们相对较长的开发周期提供了充足的资金。这些企业扩大生产早期的生产流程非常复杂,生产流程和研发部门的互动非常频繁,由于这个原因,它们通常在企业内部开发生产能力,虽然外包也是一个可能。

资源转移

我们采访的企业在产品开发初期都能够找到所需的人才和其他资源,但是,当来到大规模生产阶段,这些企业就很难找到这些资源了。我们在前文中也对这个问题进行了讨论:在转折带内开发出来的知识还没有定型,没有标准化,还要经过好多个月甚至好几年的反复琢磨。为了得到这个阶段需要的资源,支持它们把技术琢磨完善、开发成可以大规模生产的产品,这些 TLO 企业四处物色合作方,寻找互补资源。这些企业最后找到和它们一起扩大生产的合作伙伴大多在海外,其中的原因各种各样,有时是因为人才短缺,正如一个纳米技术企业的总裁告诉我们的,"某些产业缺了整整一代工程师",有时是因为产业重心已经移到了海外,有时是因为海外对产品需求的增长速度比美国快。这些因素再加上强大的财力,到海外扩大生产的吸引力简直不可抵挡。

在我们研究的企业中,有一家生物医学设备企业,它设计的产品产量很大,它的塑料和橡胶零件需要精密注塑模具加工。这家企业先是和好几家美国小企业联手来开发生产能力，但是最后的成本率很低，还不到10%。在这以后，它们想和美国大型化工和电子企业合作。但是，这家企业要生产的产品和一般产品截然不同，这些大企业对它们根本不感兴趣。其中一家大企业高管说这个产品"愚蠢透顶"，另一个说它是"白忙乎"，第三家大企业则要它们先给500万美元来做一个可行性研究。它们走遍全世界去寻找大规模生产资源，这家企业最后把生产流程搬到了新加坡，因为新加坡政府给了它们三样东西：第一，新加坡政府给了它们3 000万美元投资；第二，新加坡政府还愿意以半导体经验为基础，为这家企业建立新的生产设施；第三，新加坡政府还会给它们知识产权保护。这家企业是第一家把生产制造流程搬到新加坡的，后来很多家企业也去了新加坡，把那里变成了一家生物医药制造中心。这家企业后来上市了。

我们采访的几家企业，几乎所有的潜在客户都在亚洲。有一家2007年才成立的半导体设备企业，全世界只有10个客户会用到它们的产品，其中最重要的5个都在亚洲。这些机器边际利润很高，产量不高，商业化规模的生产也只是年产100台左右。要挑选合作伙伴来做产品测试时，它们非常小心，因为这行里的很多参与者都很具"进攻性"，[17] 在这个阶段，它们的计划是利用这个测试机会来给客户提供实地支持。原型机建好后6个月，关键时刻到来了，它们的总裁要去亚洲待上2个月。它们要在靠近客户的地方设立办公室。客户已经花了两年时间来对这项技术进行观察，还为测试阶段预付了100万美元。试生产的成本是3 000万美元，大规模生产的整体设施成本是1.5亿美元。它们要和客户一起共同开发产品。

在海外供应商和海外资本的吸引下，新创企业建立了海外合作关系。另一个例子是一个用特制的水性硅胶来生产设备的企业，企业全靠几个战略合作伙伴才能生存下来，这些战略合作伙伴有动力对这些技术进行长期投资。这家企业的总裁说："我们能活下来全靠这些战略合作伙伴。"[18] 他们的战略合作伙伴一个是一家美国企业，另一个是一家日本企业。要加快流程进展，最容易的方法是在现存设备中找到适用的，即使这些设备不是专门为它们设计的也不要紧。它们的日本合作方在海外有生产资源，要在日本建设一座大型工厂也比较便宜，虽然它们现在还没有建工厂。这位总裁认为，这家年产 50 亿件产品的工厂只能建在亚洲，除此之外别无选择。这个总裁进一步指出，很多有生产制造成分的企业都这么做，因为技术很复杂，开发需要的资本庞大。

这些企业对资金需要的时间和风投的投资年期不吻合时，风投要退出投资，它们在美国真是走投无路，只能往国外走。99% 都到海外去了。

这个阶段也是并购发生的时候。企业的战略合作伙伴想："我们反正也是要生产这些东西，为什么只做它们的合作方？干脆把企业买过来算了。"制造型企业和高科技企业都跑到海外去了，因为这样现有的投资者可以成功退出投资，对现有的投资者有利。[19]

结论

高科技新创企业不断涌现，它们开创了一个创新新模式，这些新创企业在开发新技术、进入全球化市场的过程中，必须寻找互补资源。这些企业在美国面临的创新生态环境让它们在企业发展的关键时期到海外去寻找互补资源，美国的融资环境不畅、海外市场和客户的需求增长快、美国缺乏规模生产资源，这些都成了企业向海外看的推手。新兴国家在吸引先进科技、建立生产能力方面攻势猛烈，进一步推动企业外迁。美国身处一个全球化市场，企业自然不能全部投资，将供应链的每一部分都留在美国。企业是经过深思熟虑之后才决定搬迁的，它们利用了这个崇尚创新的全球化市场。令我们感到忧虑的是企业外迁的时间点，它们是在企业发展的关键时期搬走的。

有些人会说，反复琢磨阶段并不是那么关键，企业只要能够不断推出新构想，进行早期开发和研究就可以了。我们认为这是一个错误的观点，因为它误判了风险和利益的重大关系。这些先进技术都是经过多年努力才开发出来的，把它们转移到国外，和外国企业分享就有可能让美国失去国家竞争优势，这个时候技术外流在三个方面影响到美国的创新能力。第一，因为失去了边造边学的机会，美国的制造企业就不能学习到新知识，减少了能够积累的知识和资源，最终会降低将来的创新潜力，公共资源也因此变得贫乏。第二，好几个产业的发展轨迹告诉我们，失去了边造边学的机会让新旧产业的中心都迁离了美国，对美国工业发展产生了负面影响。其他学者同样强调生产流程去到哪里，产品创新就跟到哪里。第三，因为企业在发展的关键时期搬走了，美国就失去了企业继续发展带来的投资和就业机会，失去了下游生产活动带来的经济增长。

半导体公司[*]

2007 年，半导体设备生产商——半导体公司成立了。硅谷是一个半导体产业集群地，为了就近利用那里的共同资源，半导体公司搬到硅谷去了。靠近集群地对公司发展非常有利，它靠近一流的大学，当地还有一个庞大的机械加工厂组成的网络，在这些供应商的帮助下，它很快就把原型机建好了。

公司发展很快，在 5 年时间募集了 7 500 万美元。公司很早就知道自己的产品非常复杂，需要这么多资金，至少要 5~7 年的时间才能把产品开发出来。因此，它在寻找投资者时就专门挑选那些能够在这方面和自己达成共识、能够长期支持公司发展的。公司的战略投资者在技术开发和评估方面发挥了很大作用，在技术开发过程中给公司提供了知识和技术专长。

要把产品开发从原型机阶段推进到试生产阶段需要巨大的成本和规模，建设试生产工厂需要 3 000 万美元，建设一个大规模生产设施要 15 000 万美元；在产品开发的琢磨阶段如果能够就近和客户沟通，进展会顺利得多；潜在客户为了能够第一个用上半导体公司的产品还给它预付资金，这在产品展示阶段为产品开发和评估做出了很大贡献。由于以上种种原因，虽然第一批机器为了进一步完善生产流程会在加利福尼亚州生产，但公司决定试生产搬到客户那里去做，因为在那里建厂的成本要低很多，不过还是会把部分生产留在加利福尼亚州，以靠近研发部门。商业化生产设施很可能也会设在亚洲，因为那里有大规模生产的专长，而且客户也会坚持让它把厂房设在那里。零部件在哪里生产都一样，到处都有可以做外企的承包商，所以大规模生产的地点并不需要靠近什么特定资源。公司可以把生产制造功能留在加利福尼亚州，在客户那里做最后组装和测试就可以了，但是这是不可能的了。

半导体公司想要保持独立，因为它觉得自己的产品在全世界的市场很大，将来可能要上市。

* 公司名称做了改变。

企业是否喜欢在美国进行大规模生产似乎并不重要，我们看到的很多企业除了到海外去继续进行创新商品化的过程，别无选择。图巴尔（Teubal）和阿维尼米奇（Avnimelech）指出，企业这么做是从自身利益出发的："市场经济也没有给企业提供有利于国家的解决方法，别说最佳方案了，差强人意的解决办法都没有。"失去了这些位于科技发展最前沿的企业以及它们创造出来的资源，随着时间的推移，就会在美国产生连锁反应。切萨布鲁夫（Chesbrough）等人也进行了相似的研究，指出"地方政府是否应该投入更多资源来创造公共资源，让企业能够留在当地发展，这是一个备受争议的问题，现在我们还没有找到答案"。基于我们在调查研究过程中看到的现状，我们认为私营企业界和政府部门应该积极介入，在美国建立起相当的互补资源，让企业能够留在美国本土继续开发。

我们认为有关方面可以从 4 个方面介入：

◎ 为企业后期发展提供更多融资选择。

◎ 建立起制度和激励机制，给企业提供在美国进行边造边学的机会。

◎ 通过国家采购和标准设定来改变市场需求状况。

◎ 继续推动企业通过 IPO 来融资。

我们认为上面提出的 4 项措施能够给新创企业更多时间和资金，让它们能够在国内跨过转折带。美国一向对新创企业的早期发展非常重视，也给予了大量支持，如大学和企业实验室都有研究经费、种子资本和税务优惠等，企业后期开发也应该受到同样的重视，这样它们才会留在美国。这些企业都曾经受惠于国家各种研发计划，受惠的形式多种多样，可能是研究经费，也可能是共用了生产设施或者是享受了税务优惠。美国就不考虑一下这些投资的长期回报是什么吗？

附录 3-1：接受采访的麻省理工学院 TLO 企业

表 A3-1　　接受采访的麻省理工学院 TLO 企业状况

企业	成立年份	产业	有没有营业收入	是否上市	有没有接受美国商业创新计划资助
A	1997	医药设备	有	是的	有
B	2001	生物医药	有	是的	有
C	2001	半导体	有	不是	没有
D	2001	半导体	没有	不是	没有
E	2001	生物制药	有	是的	有
F	2001	生物制药	有	不是	没有
G	2001	医药设备	有	不是	有
H	2002	电池制造	有	是的	有
I	2002	生物制药	有	是的	有
J	2003	先进材料	有	不是	有
K	2004	先进材料	没有	不是	有
L	2004	半导体	没有	不是	没有
M	2006	生物科技	有	不是	有
N	2006	地热钻探	有	不是	没有
O	2007	半导体	有	不是	没有
P	2007	半导体	没有	不是	没有
Q	2007	先进材料	没有	不是	没有

表 A3-2 接受采访的麻省理工学院 TLO 企业数据

企业	探索阶段	利用阶段	外国企业（政府）投资者	融资数量（百万美元）	迁移海外的动机
A	加利福尼亚州	美国 / 墨西哥	没有	56	低端零件的生产成本较低
B	加利福尼亚州：研发和原型机	新加坡	有（新加坡）	216	资金、生产能力，大规模生产成本低
C	加利福尼亚州：研发和原型机	日本	有	77	资金、供应商、大规模生产成本低
D	马萨诸塞州：原型机、试生产	马萨诸塞州、亚洲、欧洲	有（俄罗斯）	108	资金
E	马萨诸塞州：试生产	跨国企业供应链	有	120	资金、分销渠道和市场推广
F	德国	不适用	有	117	
G	马萨诸塞州	马萨诸塞州	没有	74	不适用
H	马萨诸塞州	亚洲 / 美国	有	243	资金、生产能力、大规模生产成本低
I	马萨诸塞州：试生产；美国：进行临床生产	不适用	有	100	不适用
J	加利福尼亚州 / 俄亥俄州	韩国生产？	有	95	资金、生产能力、客户
K	马萨诸塞州：原型机	美国大规模生产、中国台湾应用	没有	55	资金、客户
L	加利福尼亚州	中国台湾	有	153	资金、供应商
M	加利福尼亚州	不适用	没有	<10	不适用
N	加利福尼亚州	不适用	没有	<10	不适用
O	麻省理工学院	不适用	有	46	资金
P	加利福尼亚州：原型机；韩国：试生产	亚洲	有	75	资金、生产能力和客户
Q	加利福尼亚州：研发和原型机	美国 / 俄罗斯	有（俄罗斯）	36	资金、天然气供应

附录 3-2：不同产业及不同企业融资数额

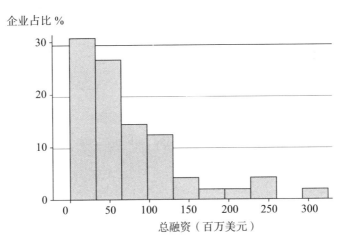

图 A3-1　不同产业融资数额

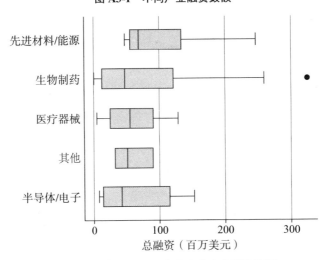

图 **A3-2**　截止到 **2012** 年各产业企业融资数额

PRODUCTION
IN THE INNOVATION
ECONOMY

4

低碳社会

建立新型能源创新体系的实践

理查德·K. 莱斯特

　　如果想要让人类能够避免气候变化带来的最坏影响，同时又享有充足、稳定、价格合理的能源，美国必须在能源创新中发挥领导作用，进行技术、商业模式、公共政策和监管机构创新，从根本上改变现有的能源生产、输送和使用方式。美国必须建立一个能够迎接这些挑战的创新体系，现在做的还远远不够。

　　能源产业是如何创新的？我们的想象可能和现实相差甚远。无数的博客和媒体报道对发明家和他们面临的困境进行了描述。在人们印象中，创新就是实验室获得的突破，在车库里密谋出来的新创企业、充满冒险精神的企业家一夜之间颠覆了旧的市场秩序，建立了新秩序。发明家的典型成功之道都是以旁人无法想象的方法满足了客户的需求。

　　在能源产业，虽然也有持不同意见的人，但大家都明白创新意味着什么。要预防气候变化给人们带来的灾难，要用低碳科技来代替矿物能源，但是现在的低碳科技在成本上不足以与矿物能源竞争。创新就是要使这些低碳技术能够和矿物能源竞争。当然，和其他创新一样，这里也需要充满冒险精神的敢想敢干的企业家。但是，任何创新要发挥作用都必须有相应的资本、人才、供应商和生产设施，这样创新才能变成投放市场的产品。这一点和其他产业的创新并没有什么两样，但是能源产业不同之处在于，一开始采用技术的规模就很大。相应地，基础设施的改善也需要几十年的时间才能完成。能源创新必须大范围采用，要不然对气候变化不会有什么影响。

以下一些实际情况就说明了能源创新面临着的巨大挑战：

◎ 现在，燃煤发电占美国电力的 40%。煤主要是用火车运到发电厂的，煤的运输量几乎占了美国铁路运输系统货物运输总重量的一半。如果把每年通过铁路运输的煤放到一列火车上，这列火车就会全长 153 000 千米，差不多是地球赤道周长的 4 倍。为了减少气候变化，这么多的煤就必须由低碳能源来取代。

◎ 要降低美国排碳量就意味着要大量减少石油使用量。这项任务有多艰巨，我们只要想一下美国石油的消费量就知道了——美国每年消耗差不多 70 亿桶石油，其中差不多一半是机动车用的汽油。这就相当于尼亚加拉大瀑布全流量连续流七天七夜的容积。

◎ 汽油的其中一个取代品是从农作物提取的乙醇。和 2000 年时相比，美国从玉米中提炼的乙醇已经翻了 6 倍。但是这个产量只是美国汽油用量的 4%。美国的生物乙醇制造产业消耗的玉米已经超过美国总产量的 40%。

◎ 国际能源总署要防止全球气温在 20 世纪末增长 2℃，未来 25 年里，每年在新能源基础设施上的投资就要 1.5 万亿美元，而需要投资的时间可能比 25 年还要长。1.5 万亿美元到底是一个什么样的概念？这笔钱相当于同时举办 100 个 2012 年伦敦奥运会所花的钱。这笔巨款的 2/3 会投在新兴国家，其中一半要用在发电产业上，用于建设更好、更智能化的电网，以及新的输送系统等。

能源产业规模特别重要还有另外一个原因。很多新能源技术是融合在非常大型、复杂、资本密集型的系统里面的，要探索技术可行性的早期项目都需要花上好几亿美元，甚至好几十亿美元，很多项目还需要大量的土地和其他资源。这么高的财政风险使得科技走向市场的道路更加坎坷。

与发展很快、需要资金不多的那些创新（比如社交网络和智能手机应用等）相比较，能源创新的不同之处就很明显了。在实际应用中，这两个创新的本质是一样的，而且信息科技进步在能源创新中也扮演着重要角色。但是，很多能源产业创新从最初构想到投放市场的道路要长得多，成本也高得多。正因为如此，在设计能源产业创新策略时，我们不但要考虑到创新开发早期需要的资源，更要考虑大规模采用时会遇到什么障碍。

不是只有能源产业才有这些创新开发过程中遇到的问题，其他产业也有这些问题，最突出的例子就是制造业。几十年来，大家都在担心美国是否没有抓住制造业创新带来的下游经济利益。现在制造业和服务业的界线越来越模糊，能源产业既是服务业又是制造业，但是大家感兴趣的能源产业创新毫无疑问地都在制造业这一方面。风力发电机、太阳能电池板、核反应器压力罩、超导输电线、运煤的底卸式车辆都是制造业产品。炼油厂和生物乙醇工厂也和半导体加工厂一样，都是制造业企业。

影响到其他制造产业创新开发的很多问题，在能源产业中也同样存在，这是意料之中的。一段时间以来，美国出现了太阳能和风能制造业向中国迁移的现象，吸引这些制造商去中国的原因是劳动力低廉、资金充足、市场需求旺盛等，这种现象让美国民众忧心忡忡，都担心新能源产业和其他制造业一样，因为竞争不过中国企业就把生产流程搬到中国去。这样做的代价是沉重的，除了就业机会和利润流失了，长远来说，还会影响到美国在这些领域的创新能力。[1]

但是，能源产业创新面临的其他困难就和其他产业的创新不大一样了。大家都非常担心，中国在创新方面要走在美国前面。总的来说，各个国家之间是否正在进行着一场零和游戏，这是一个颇具争议的问题。在低碳能源创新领域，零和游戏这个说法就特别不恰当。中国的碳排放量不但巨大无比，而且还在不断增长，这就使得中国能否成功降低碳排放是关乎全世界利益的大事，其中当然也包括美国利益。虽然中国在太阳能和风能创新方面技高一筹，使得一些美国企业觉得受到了威胁，但如果全球气候因此得到改善，这也合乎美国利益。

能源创新不断发展，中国能源方面的监管环境也变得更加宽松，对美国能源企业来说，中国能够为它们提供更多的技术和市场。[2] 在低碳能源新技术的采用方面，中国越来越表现出敢为天下先的气概。参与这些项目对美国能源企业很有好处，美国能源企业还可以在中国做自己的项目，而现行的美国能源监管环境这么复杂，这样的项目在美国进行花的时间和金钱都要多很多，有时候甚至还不能进行。泰拉能源公司（Terra Power）是比尔·盖茨参与创立的先进核反应器开发公司。据报道，它正在和中方进行谈判，要把第一个商业规模的展示项目建在中国。位于马萨诸塞州的巨点能源公司（Great Point）有一项煤炭气化方面的创新，它现在还在产品开发的早期，要到中国去进行进一步开发。这样看来，不但美国企业可以受益于中国的创新活动，美国消费者也可以从中受益。因为中国愿意把大量的资金投入到低碳能源技术中，降低了风能、太阳能等低碳能源的成本，所以美国消费者的电费也减少了。

能源创新和很多其他技术密集型产业的创新还有另外一个不同之处。移动计算、制药等产业的创新都是创造出全新的产品和服务，但是能源是一个大宗商品。使用能源的人关心的只是能源成本以及供应是否稳定，因此发明家一开始就面临着成本、质量、稳定性的高要求，这些都没有商量的余地。另外，他们还要把新产品和服务引进成熟市场，这些市场已经被高度优化的能源体系占据几十年了，持有这个体系的运营商财力雄厚，在政治上也有很强的影响力，在华尔街和华盛顿都有很深厚的人脉，他们都在极力维护现有体制。这是最恶劣的创新环境，其他行业也有类似的情况，但是能源创新的环境和其他科技密集型产业的创新还是很不一样的。

能源产业和其他产业的另一个不同是，推动能源创新的力量并不是来自能源市场内部。气候变化对整个社会产生的影响，不论是正在发生的影响还是潜在的影响，都没有打进能源价格里，能源供应商和能源消费者之间每天有成千上万次交易发生，但是交易价格都没有包含气候变化带来的影响。因此，虽然创新可以减轻这些影响，但是仅靠市场力量还不足以让创新立足。现在的问题不是美国是否要加强市场力量，而是应该如何加强市场力量，这就使得能源产业的创新和其他产业的创新很不一样。

因为以上种种原因，能源创新是一个特别案例。本书的其他章节对创新和制造业进行了详细的论述，而本章的目的就是在这个基础上补充一些对能源产业的创新的评论。

能源和气候变化

全球能源产业面临着很多挑战，气候变化的威胁和向低碳能源体系的转变只是第一个。能源的需求在飞速增长，但是如何能够以合理的价格来提供稳定的能源，这是其他挑战的核心所在。国际能源总署预测，到 21 世纪中期，全球能源使用量要在现在的基础上提高 5%，用电量要翻一番，这对能源供应和能源价格都是一个很大的压力。[3]

这些预测数字让人觉得这是在浪费能源，但是细看一下就知道根本没有浪费。整个世界正在经历着一个经济飞速发展时期，在短短几十年时间内，非洲、亚洲和南美洲好几亿人脱离了贫困线，努力向中产阶级的生活方式靠拢。其中一个后果就是能源用量大增。但是，预测数字和奢侈根本沾不上边。比如，如果到 2050 年用电量翻了一番，粗略一算，这就意味着世界上最富有的 10 亿人的用电量和现在一个普通美国人的用电量是一样的，中间的 70 亿人的用电量就和现在一个普通中国人的用电量一样，而现在中国人均用电量大概是美国人均用电量的 1/4，最穷的 10 亿人还是没有用上电。

全球面临的第二个挑战是，世界上很多国家都依赖进口石油、天然气、其他燃料和能源技术来满足迅速增长的能源需求。这种依赖性让很多国家的经济体系出现了易受攻击的漏洞，增加了国际社会的紧张气氛，为冲突埋下了伏笔。现在世界各地还在不断发现新的能源供应源，地理政治也随着情况的发展在不断变化。随着用非传统开采方法采到的石油、天然气越来越多，美国能源自给自足成为可能，长期来看，这对波斯湾和其他地区的国防安全协议有着重大的影响。但是，全球能源安全问题还会持续存在，还可能进一步激化。

全球面临的第三个挑战是环境污染。发电和工业用煤、车辆用油带来的二氧化硫、一氧化氮、碳氢化合物和微尘排放，是全球都市和区域性污染的主要来源。这些污染严重影响了公众健康，产生了大量的酸雨。有研究表明，户外空气污染大部分来自能源使用，仅在 2010 年一年，空气污染在全球范围内就造成 320 万例过早死亡。[4]

全球面临的第四个挑战是气候变化。美国怎样才能在不破坏全球气候的条件下，以合理的价格来满足全球不断增长的能源需求呢？

几年前，美国能源界的共识是，气候变化是最迫切、最重要、最难以解决的问题。奥巴马总统在第一届任期刚开始时曾表示这是他的首要问题。赢得大选后，在就职典礼演说中，他把气候变化放在非常显著的位置上，在 2013 年的年度国情咨文中，这个问题也受到很大的重视。但是，在以后的四年里，能源政策讨论中几乎没有再提到气候变化。[5]

出现这种情况的部分原因是在奥巴马总统第一届任期出现了很多令人震惊的事件：全球金融危机、接踵而来的大衰退、美国有史以来最严重的墨西哥湾离岸石油泄漏事件、日本福岛的核灾难、横扫整个阿拉伯世界的政治运动等。这些事件中的每一件都让政府把注意力集中在不同的政策目标上，起码在一段时间内心无旁骛。在不同时间段里，能源价格合理性、能源安全、贸易逆差、对地方环境的影响以及核安全，轮流主导了那段时间的能源政策讨论。整整四年时间，能源产业创造就业机会的潜力成了很多政治家最关心的事情。同一时期，矿物能源产业的支持者努力把人们的视线从气候变化这个问题上转移开来，而且取得了很大的成功。

过去几年，能源界可谓动荡不安。但是，接下来的几十年也不一定会消停，于是我们可以想象得到，气候变化问题还是不会列在能源发展的日程上。自然界不时向我们发送信号，当发出的信号很强烈时，可能就会有相应的政策反应，还可能是一个很快的、力度很大的反应。但是，除此以外，情况应该和过去几十年差不多，比气候变化更加火烧眉毛的事情有的是，未来几十年大概也不会有贯彻始终的、以气候变化为中心的能源政策出台，而未来几十年正是解决这个问题的最有效时期。

最近，很多能源分析员已经把注意力从如何防止气候变化转到了如何更好地适应气候变化带来的后果上。[6] 如果适应气候变化带来的破坏要付出的经济和社会代价比防止气候变化要付出的代价低，把注意力转移到适应上也是有道理的，而我们要做的就是让那些适应方法比较有效。

在实践中，最有效的策略是降低风险与适应相结合。约翰·霍尔德伦（John Holdren）说得很中肯：

> 我们要采取足够的降低风险措施来避免应付不了的灾难，又要准备足够的适应措施来应付那些不可避免的后果。[7]

要设计出这样一个策略，再加以实施，应该是人类社会要做出的最具挑战性的科学决定，因为人们面临着这么多不确定因素，比如要面临极高风险，而且都是不可逆转的风险；潜在的科学问题多而复杂，人类社会对这些问题的了解也不全面；和科学问题相比较，社会经济和生态后果就更加复杂，不确定性更大；预防措施要成功需要国际社会通力合作，这种高度合作也是人类社会前所未有的。

美国要采取什么行动，这个决定一定要以科学证据为基础，而且需要考虑到以下各种因素：

◎ 大气中的温室效应气体是由自然界和人类活动排放并积聚下来的，我们要根据这个原理来研究大气中的二氧化碳浓度会如何随着时间变化而改变。

◎ 二氧化碳水平和增长速度不同，会对全球气候造成影响。

◎ 气候变化会多层次地影响自然、社会、经济和生态环境，从全球到地区环境都会受到影响。包括海平面大幅升高，极端天气的频率和严重程度不断提升，疾病媒介物改变，水供应中断，生态环境变化给栖居地造成影响，当地居民流离失所、被迫迁移，农业和沿海物业受到破坏。

虽然很多科学难题还有待解决，还有很多不明确的地方，但是，20 世纪 90 年代以来，对气候变化的研究取得了很大的进展。联合国政府间气候变化专家小组（IPCC）定期出版的报告记录了这些进步。这些报告也代表了科学界有关各方在这方面的共识。在 2007 年发表的综合报告中，IPCC 的结论如下：

◎ 过去 50 年间，全球气温上升的速度升高了大概 0.6℃，比过去 2000 年间任何时候都要快。

◎ 天气变暖的同时，大气中的温室效应气体浓度和工业革命前相比也提高了 35%。

◎ 人类活动是引起温室效应气体浓度上升的主要原因。

◎ 气温升高的主要原因是人类活动引起的温室效应气体浓度上升造成的。

◎ 人类活动还对气候的其他方面造成了影响，表现在海平面上升、风形态变化、极端温度发生的可能性增加。

IPCC 进一步总结说，如果温室效应气体继续以现行水平，甚至高于现行水平排放，带来的温室效应和其他气候变化就要比过去 100 年经历的大得多。

在 2010 年，美国国家科学院也得出了相似的结论："气候在变化，变化主要是由人类活动造成的，其中主要是矿物燃料的燃烧。"科学院的气候变化学术小组也指出，"气候变化的理论还有一些不确定性，但是地球的气候是一个非常复杂的体系，关于它的理解总是不能完全确定的"。但是，多方面的研究积累了大量的证据，证明气候是在变化，而且这些变化大部分是由人类活动造成的。虽然未知的东西还很多，但是科学家们对核心现象、科学问题和假设的研究是详尽的，经得起科学论证，也排除了其他解释。这个小组指出，21 世纪前 10 年的地球平均表面温度比 20 世纪前 10 年的要高出 0.8℃，而且大部分的温度提高发生在 20 世纪 70 年代后。小组的结论是，温度提升大部分是由人类活动产生的二氧化碳和其他温室效应气体引起的。

当前大气中的二氧化碳浓度大概是 391ppm，而且在以每年 2ppm 的速度上升。[8] 上升的速度还在不断加快，主要元凶还是人类不断使用矿物燃料。如果美国"照常营业"，不另外采取措施来限制二氧化碳排放，据预测，到 2100 年，大气中的二氧化碳浓度将是工业革命开始时（当时大概是 270ppm）的 3 倍。我们还不能准确预测到地球气候对此会做出什么反应，但是有研究估计全球地表温度会提高至少 4℃，甚至可能是 6℃。预测范围的上限大概是现在观察到的全球暖化的 10 倍，这两者之间的温差就像现在的气候和冰河时期最冷时候的温差一样大，冰河时期大部分的北美大陆是一片冰封。

这么大的气温变化会对自然生态体系和人类活动造成严重的影响。过去几十年的暖化已经带来了很明显的变化：海洋变暖了、海上冰川在消融、暴风雨更猛烈了、脆弱的物种消失了。如果按照原样不加改变，再过几十年，因为海平面提升和暴风雨增多，海边地区将有被淹没的危险。现在，大概有 23% 的人住在离海边不到 100 千米、高出海平面不到 100 米的地方。气候变化还可能使得很多人不能再种植原来的庄稼。公众健康水平会下降，因为病原体的种类会增加。受这些负面后果影响最大的将是最穷困的人群，而他们的承受能力最低。

地区气候是一个高度复杂的体系，这就意味着这些预测也不一定就会成真，"照常营业"的后果也有可能在"可忍受范围之内"。但是科学证据指明的不是这个方向。最近的研究结果表明，大家普遍接受的预测低估了将要到来的破坏程度。[9] 在这种情况下，把积极降低温室效应气体排放的预防措施与保护最弱势人群和自然界群体的适应措施相结合是最合理的前进方向。

不确定因素那么多，而各国内部相关利益团体以及各国之间的利益又各不相同，那么温室效应气体浓度的上限、全球平均气温的上限是什么？这样的问题很难有一个准确的答案。很多气候科学家得出的结论是如果二氧化碳和其他温室效应气体的浓度可以维持在 450～550ppm，人们就可以避免气候变化带来的最坏影响。IPCC 估计，如果温室效应气体浓度能够保持在这个范围的下限，全球平均气温升高超过 3℃ 的可能性就很小，升高不到 2℃ 的可能性是 50%。如果温室效应气体浓度保持在这个范围的上限，也就是工业革命前 270ppm 的两倍，全球平均气温增长就可能在 1.5～4.4℃，保持在 3℃ 以下的可能性是 50%，超过 5℃ 的可能性虽小，但也不容忽视。一些专家对各种风险进行了权衡之后，得出的结论是这个上限已经超出了合理冒险的范围。其他专家提议要有一个更严格的限制，他们认为要避免不可接受的破坏后果，平均气温升高不应该超过2℃。

把温室效应气体浓度维持在450～550ppm之间是很困难的。现在大气中的所有温室效应气体浓度相当于430ppm，增加的速度还不快。如果没有进一步的预防措施，大概10年后，温室效应气体浓度就会达到这个范围的下限，三四十年间内就会达到上限。要将温室效应气体的浓度控制在这个范围之内，全球必须大量削减温室效应气体的排放量，越迟行动，削减的幅度就越大。如果要不超过下限，全球排放量在几年内就要到顶，之后每年下降几个百分点，这个目标我们可能永远都达不到。如果要不达到上限，全球排放量也要在一二十年间到顶，之后每年下降的幅度还要很大。比如，要把温室效应气体浓度稳定在550ppm水平，全球排放量就要在2020年到顶，之后每年减少1%~2.5%。如果排放量继续升高10年，到顶之后的减少速度就要翻一番。[10]

总的来说，科学证据表明必须要落实政策，把温室效应气体浓度稳定在450~550ppm之间。超过550ppm，能够避免非常严重的经济、社会、生态影响的可能性就很小了，然而要不超过450ppm这个目标已经是不可能的了。把浓度保持在这个范围内，也就相当于到21世纪末，全球平均气温上升20~30℃，但是，也有可能在北半球这些数字要翻一番。如果全世界在未来二三十年间不能把温室效应气体排放量降下来，那么要把浓度维持在这个范围内是不可能的。也就是说，到2050年，全球排放量必须降低25%~50%。

为了公平起见，富裕国家要减少的排放量应比贫穷国家多。富裕国家的人口只占总人口的20%，但是富裕国家排放的温室效应气体却占工业革命以来排放总量的75%；贫穷国家却要首当其冲地承受全球气候变化带来的负面影响。《京都议定书》的谈判就体现了这个事实，通过这个协议，除了美国的大多数工业化国家同意限制温室效应气体排放，发展中国家则无须限制。现在富裕国家的人口总数是 10 亿，就算它们把排放量降到 0，其他 60 亿人也还是要大幅降低排放量，当然，要降到 0 是不可能的；因为那 60 亿人的排放量在飞速增长，未来几十年的排放很可能大部分都是来自贫穷国家。到目前为止，这么多轮谈判都没有解决什么实质性的问题，但是有一点大家都很清楚，那就是要在全球范围内就碳排放限制达成协议，包括美国在内的发达国家就必须保证大幅减少排放量。2009 年，奥巴马和 G8 国家的其他领导人一起发誓，要在 2050 年之前减少 80% 的排放量。

美国要减少这么多排放量的唯一办法是摆脱对矿物能源的依赖。今天，矿物能源占美国能源消耗总量的 85%，矿物燃料燃烧占美国温室效应气体排放总量的 80%。[11] 因为要改变能源基础设施需要很长时间，美国需要很快开始将交通运输靠汽油、发电靠高碳排放量的燃料这种能源使用方式，转变为交通运输使用替代性能源、发电做到低排放甚至零排放这样的能源模式。

美国的三波能源创新

美国能源系统当然不可能一下子全部改变过来，没有一颗灵丹妙药能够一下子就把能源界的百病都治好。把能源创新想象成三层不同的波浪，有助于我们对能源创新的理解，每一波都在不同时间介入经济体，每一波都以不同的速度来积聚力量，但是三层波浪必须同时进行。

第一波创新主要是要提高能源利用效率。这些创新在未来 10 年就可以做出很大贡献。这些创新中的大部分不需要很大的科技突破，消费者也不必改变用电方式，只需要把现有的科学技术与新的商业模式和金融模式结合起来就可以实施了。其他创新可以通过一系列渐进式科学进步来实现，就像提高车队燃料使用效率等方面的创新一样。这些近期创新虽然不起眼，却非常关键。如果我们真的要大幅降低碳排放量，就必须大幅降低每单位经济产出使用的能源量，而且降低的步伐要迈得更快。

第二波创新和第一波有重复之处，但是美国必须开始采用低碳能源技术：核能、风能、太阳能、地热能、低碳生物燃料、碳捕集和碳封存等技术，还有新的电力储存技术，这些技术的使用规模必须是前所未有的。但是，这些技术的价格必须大幅下降，才会得到大规模使用。

我们还有希望看到第三波创新，这波创新将利用材料、催化媒和能源运输方面的基础科学成果，克服长期以来能源转换和储存的物质限制。第三波创新现在看起来还很不切实际，还会利用到别的领域的创新构想，现在看来和能源界都沾不上边。这样的例子有人工光合作用、利用空气捕捉器捕捉二氧化碳，以及核聚变等。把基础科研成果转化成商业上可行的技术，再让这些技术在市场上有一定的占有率，这需要很长一段时间，也就是说，在 21 世纪中期，这些突破性的科学技术不可能对能源系统做出重大贡献。

三种有效的政府行动

只靠市场力量来推动这三波创新是远远不够的。一定需要某种形式的政府行动，而且这些行动还要持续好几十年。什么样的行动是最有效的呢？三种行动最可能产生效果。

第一，政府可以努力改善创新环境，通过减少或消除障碍，让资本、知识、人才自由地向最有可能产生经济效益的创新流动。这类行动包括移民政策、知识产权保护政策和资本市场监管政策。

第二，政府可以比较有针对性地刺激市场对低碳能源技术的需求，促进私营资本在有利于减少气候变化的创新上进行投资。这样的方法有很多。

◎ 给碳排放定价。

◎ 规定必须使用低碳技术（比如设定新技术在一家企业中的占比）。

◎ 推出税务优惠、补贴、贷款担保和其他激励计划来鼓励私营企业在某些技术上进行投资。

◎ 使用政府本身庞大的采购预算来为低碳产品和服务创造需求。

第三，政府可以通过承担创新风险和成本来直接介入创新过程，直接参与的方法有资助或直接开展研究、开发和展示等活动，或者和私营企业建立合作关系来推动某些技术发展。

政府的第一类行动，即创造一个有利于创新的环境，有着坚实的理论基础，为大家所接受，但是有些具体政策在实践中很难执行。第二类行动比较具有争议性，有人认为特别资助某些技术、给能源使用者和纳税人增加成本都是不应该的。但是，一项创新的价值被社会低估了，政府在刺激需求方面发挥了一定的作用，这种做法是合理的，也得到了广泛的支持，起码在理论上是这样的[12]。美国政府就在这方面树立了一个很好的榜样，政府在 2012 年规定，新汽车和卡车的燃料燃烧效率必须在 2025 年之前提高到 23 千米 / 升。

很多人对直接介入创新过程的第三类政府行动持怀疑态度，大家怀疑政府直接参与到创新过程中在理论上是否讲得过去，就算政府可以参与，但是它的参与效率高吗？一直以来，政府对有商业性质的创新进行直接支持的理论基础是创新企业面临着"搭便车"问题：企业的竞争对手可以拿到企业创新活动的成果，而企业又无法强迫对手付费时，竞争对手就成了"搭便车"的人。因为这个问题，企业对创新的投资就不足以让创新发挥最佳作用。早期研究和开发就是最典型的例子，因为在这个阶段，企业很难捕获到投资的全部回报。这样企业投资就会不足，就需要政府投资来补足。在这个方面，能源和其他产业也并无两样，解决办法也应该一样：政府对基础和早期研发进行直接或间接的资助，或者是提供税务优惠等激励机制，这样才能鼓励私营企业对研发进行投资。

能源价格没有将气候风险反应出来，这是市场机制失灵的又一表现。在这种情况下，创新者就没有了开发和使用低碳新技术的动力。为了纠正这个错误，必须有政策来给碳排放定价，可以直接通过税收来定价，也可以通过总量管制与交易制度来定价。碳排放有了价格，消费者马上就有了做低碳选择的动力，可以达到立竿见影的效果；长期来看，也给私营企业提供了投资低碳创新的动力。有些经济学家认为，如果碳排放的定价对了，政府都不需要对创新提供直接支持。[13] 但是，在现实生活中，定价方法不可能是万无一失的。今天，被主流接受的观点是碳排放的定价根本实施不了。政治观点是最容易改变的，这个大家都知道，但是，即使"要付费才能排放"这一政策实施了，政客们的定价也一定不会高到能够引发创新的程度，创新的速度也不会因此提高多少。有证据表明，如果国会将来采纳了一个给碳排放定价的计划，那么这个计划一定会有漏洞，比如在什么情况下可以退出计划、给碳排放设定最高价格、什么企业在什么情况下可以得到豁免等，导致美国不能建立一个全国通用的、整个经济体一致的价格体系，对社会做出最大贡献。[14]

就算是碳排放的定价"合理"了，制度也实施了，政府还是有理由直接支持创新过程。麻省理工学院经济学家达龙·阿西莫格鲁（Daron Acemoglu）和同事们最近发现，经济发展受到环境限制，资源都是有限的，促进经济发展的最佳政策应该有碳排放税和研究补贴等措施。他们发现只利用税收来纠正多种力量的综合效果是过分扭曲了，因为它要解决的问题太多了。

◎ 现有的碳排放有很大一部分不能国际化，这部分风险要有人承担。

◎ 私营企业对能够降低未来碳排放的科技研发投资不足。

◎ 市场还有很多力量使得大家偏向于加大现有技术的使用力度，而不采用新技术。

换句话说，有人主张只依靠碳排放税来引导大家采用低碳技术，把降低成本的创新活动都交给私营企业来做。和这样的政策相比较，政府直接支持创新增强了私营企业的研发力量，降低了向低碳社会过渡的经济和政治成本。

虽然政府直接支持创新有着坚实的理论基础，但在实践中，政府支持有效吗？这是一个很大的问题。当政府不仅支持早期研发，还参与到晚期的开发和展示活动中时，这个问题就更为突出了。但是，晚期开发和展示阶段是创新最经常遇到的困难，降低成本的突破也往往在这个时候被发现，所以政府支持在这些阶段就更加难能可贵。和私营企业界相比，政府决策人士对科学技术进入市场的生意和市场考量了解不多，政府的行政措施与市场化的决策过程总是格格不入。和早期研究相比较，政府在这些时间点上介入的政治风险会更高，因为在这个时间介入的效率可能不高，也可能被看成是政府投资把私营投资挤出局了。

政府过去也有支持能源创新晚期开发的项目，结果有好有坏，其中美国能源部有很多个引人注目的失败案例，所以，以上担心不无道理。著名的成功案例是不少，但是，好几个商业展示阶段的项目很出名，不是失败了就是半途而废了。利益集团和地区间的矛盾延误或限制了国会通过的行动计划，这样的例子也有好几个。也有人说，谁在能源辩论中的声音最大，谁就能得到政府偏向。有时候，政府官僚体系不知道哪根神经搭错了，一个劲地敦促某些项目和技术向前走，给它们很多补贴，尽管有时候其他参与者早就看出这些项目是不可持续的，政府还在推。美国能源部出了问题的项目有克林奇河增值反应堆项目、20 世纪 70 年代末到 80 年代初的合成燃料计划、更近期的丝兰山核废料贮存库项目，以及还在发酵中的其他未来项目。导致这些项目失败的原因真是数不胜数，比如政府官员永远都低估项目成本、国会插手、政策取向和资金拨付政策前后矛盾、行事效率低、官僚制度掣肘多、能源部目标不明确等，可以责怪的东西实在太多。一个研究项目对联邦政府支持的 6 个大型科技商业化项目进行了分析，得出的结论是：

> 这些案例给我们的教训是：这些项目的本意是要补充私营企业界创新过程中市场力量的不足，提高经济效率，但是在各种政治力量的左右下，实施一个美国统一研发计划的目标根本没有得到实现。

在其他情况下，这样的评论足以压倒那些主张政府直接参与到能源创新活动中的声音，政府只能支持基础研发活动。但是，气候变化的威胁改变了我们的常规思维。政府干预有可能失败，也有可能导致成本太高、效率太低，这些都是风险，但是风险必须和成功得到的回报放在一起权衡，如果成功了，就可以大大降低能源体系转变的成本，提高转型的可行性。在这种情况下，虽然我们明明知道有人会利用生态环境大灾难来让政府不明智地进行干预，但是政府因此而毫无作为，带来的生态、经济风险是巨大的，在气候变化的威胁面前，我们必须综合考虑这两个风险。

能源创新体系模型

把政府对能源创新直接支持分成几个组成部分有助于了解创新过程。虽然创新过程很复杂，也很少以线性方式展开，但是把从构想到大规模使用的创新过程分成 4 个不同部分，有助于大家对这个过程的理解（见图 4-1）。

创造选项	可行性展示	早期采用阶段	使用中改良阶段
构想	市场测验	市场监管	持续降低成本
实验室研究	程序调整	大规模生产	开放竞争
概念验证	系统整合	配套设施调整	边造边学
原型机	降低风险	限制竞争	碳定价
试规模生产	商业化生产展示	边造边学	进化
培育		规模经济	
规模：100万～1亿美元	规模：1亿～10亿美元	规模：最高数百亿美元	规模：最高数千亿美元

图 4-1　能源创新的 4 个阶段

资料来源：Richard K. Lester, David M. Halt, *Unlocking Energy Innovation*, 2012.

◎ 创造选项：这个阶段就是要广开创新路径，鼓励参与者用新构想、新概念来做试验，不断吸引新人加入到创新过程，保证选项知识来源是公开透明的，并保证参与者都可以使用这些知识。创造选项和研发是紧密相连的，但是两者并不相同。虽然有影响力的新技术通常从有组织的研发计划中诞生，但很多是对现有产品和服务进行改良的构想，还有很多全新的产品和服务构想以及全新的商业模式都不一定来自正式的研发机构，它们通常是开发商和客户在互动中撞击出来的火花，生产制造车间和供应链中的任何一个环节都可能是它们的发源地。很多研发机构并不专注于选项创造，它们主要是支持创新过程其他阶段的发展。这个阶段的重要任务是创造、维护和扩大能够促进新知识、新构想形成与发展的技术社区和公共空间。在这个阶段，政府必须为基础研究和教育提供资助，这是最关键的。风险投资也为新产品、新服务、新商业模式做种子投资，但能源体系投资规模巨大，投资年期漫长，使得风险投资在这个领域发挥的作用有限。

◎ 可行性展示：这个阶段的主要目的是让技术提供方、投资者和用户获得新技术的各项真实指标，包括技术的成本、可靠程度和安全等方面的数据。这个阶段要做的事情通常是建造一台完整的原型机，实际操作，发现故障，排除故障。这个阶段还有其他重要任务，包括为大规模生产制定标准和基础设施要求，找出阻碍技术推广的法律和监管障碍。和创造选项阶段相比，在这个阶段，发明家和投资者承担的成本和风险比例越来越大。在很多情况下，他们甚至要承担所有的成本和风险。但是，这个阶段的时间很长，而且风险很高，私人投资者往往不愿意为复杂、大规模的新技术承担展示阶段的风险。

◎ 早期采用阶段：这个阶段的参与者通常是最有前瞻性的用户，或者是最需要使用这项创新的用户。这个阶段的主要目标是市场开发、加快对技术了解、开始使用为大规模应用建设的基础设施。发明家建立起生产、营销以及供应链其他部分的基础设施，早期采用者（有时候也称为领先用户）在这里发挥关键作用，他们提供的反馈意见让发明者能够改进技术性能，解决在实际应用中遇到的问题。在这个阶段，发明家积累了制造过程的专属知识，单位成本也降下来了（最早的单位开始使用时，总成本可能会迅速增加）。

◎ 使用中改良阶段：在这个最后阶段，市场环境和监管条例都稳定了下来，未来的市场和监管环境预测性也较高。但是，发明家还在对产品设计进行不断改进，生产系统和商业模式也还在不断改善，企业也加深了对客户行为的理解。一项新科技在市场上度过自己的生命周期，其间它经过渐进式改良大大提高了性能，这种性能提高带来的影响甚至比它刚投放到市场时的影响还要大。

我们要再次强调，创新过程不是直线型的，虽然以上 4 个阶段是按照先后顺序来排列。在实践中，知识在各个阶段之间是双向流动的，它们之间的界线也很模糊。本章的中心论点是，加快能源创新的策略必须解决 4 个阶段的问题，只重点关注一个是不够的。比如说，美国政府经常因为在能源研发方面投资太少而受批评。[15] 但是，如果有效的措施能够支持能源创新中后期的发展，花在创新过程前端的研发经费得出的成果也就烟消云散了。

下文将对一个策略进行粗略的讨论。这个策略意识到，能源创新不是在真空中进行的。很多机构组成了一个支持研究和教育的体系。能源服务、劳动力和资本都有发展完善的市场。竞争、知识产权、环境保护都有相应的规范、标准和规则，还有专门供应仪器、提供服务的供应商。要采用、开发某项技术，要得到相应的授权，还能得到一些政府补贴。换句话说，创新是在一个稠密的网络内进行的，这里有制度也有激励机制。关键的问题是什么样的系统才能几十年源源不断地推出各种创新。

一个立足于现实的能源创新策略一定要对各种制度的能力和局限性有清楚的认识。但是，有一个问题也是值得我们思考的：假设我们可以从头开始，建立一套能够解决能源创新面临的所有问题的制度和激励体制，这一套东西应该是什么样的呢？

很多成功的要素是不言而喻的。这一套东西的规模必须和这些挑战的规模相当。这套制度应该鼓励竞争，鼓励局外人入局竞争。它还应该能够让创新过程的 4 个阶段都加速前进。它要保证在每个阶段都能按照严格的标准，及时剔除不具备竞争力的选项，停止对这些技术进行支持。每个地区的自然资源条件不同、经济状况不同、制度资源不同、公众对各种能源的态度也不同，创新重点也就有所不同，这套体系要包容这些不同点，还要对这些不同点多加利用。有些制度只能在出现危机的时候才能调动需要的资金和其他资源，这套新体系不能走这条路。

建立能源创新体系的 10 项措施

最近麻省理工学院工业性能中心进行了一项实验，研究人员用以上要素勾画出一个全新的能源创新体系，这个新体系比现存的要大得多，也更加充满活力。我们把这个体系的主要特点总结如下。

新的发明家

这个新的能源创新体系的核心必须是新的市场参与者：新创企业和从其他产业转型到能源界的企业。当前主导美国能源产业的大企业都厌恶风险，长期以来对创新的投资都不足。能源产业需要注入新血液：新的企业、新的人才和新的做事方法。新政策应该为新的参与者创造竞争空间，帮助它们获取所需的资源。最重要而又最具难度的是电力系统。

在电力市场扩大竞争

在向低碳能源转型过程中，电力产业是中心战场。这是因为大多数低碳能源供应技术最适合应用于发电。因此，向低碳能源系统过渡就意味着电力将会是整个经济体中能源的主要载体，这是一个历史性的变革。扩大市场竞争范围，建立一个开放式的抽样架构，鼓励新的竞争者进入新开放的电力市场，这些都给创新提供了强大的动力。竞争和创新最重要的地方是电网的边缘地带。独立的发电商在电网的一端用创新的发电技术做试验。另一端，特殊能源服务公司、需求响应的输送商和分散型的发电商共同探索新的商业模式、新的组织架构，为终端客户提供新的服务种类。为了鼓励竞争，在 20 世纪 90 年代开始的公用电力垂直解体改革必须完成。当时进行改革的主要目的是降低电力价格。今天，加快创新步伐是改革的主旋律。扩大竞争、引进新的竞争者是能源产业向低碳能源过渡的关键。

智能积分电路

智能积分电路输送和配电企业要和地区输电机构（RTO）、独立系统操作商（ISO）、州政府和联邦政府的监管机构紧密合作，来管理电力系统的运作和开发。公共事业企业虽然不再从头到尾地控制整个电力系统，但它们仍然管理着整个电网。它们将管理独立发电商、分散发电商、能源管理服务商、客户和其他参与者之间的互动。它们的责任是保证在电网边缘崛起的各种创新能够紧密合作，达到新体系的主要目的：降低二氧化碳排放、提高稳定性、让更多的人能够用得起电。为了防止电网所有人滥用垄断权力，政府监管还是必要的。但是，监管机构也要和它们监管的企业一样，更加"智能化"。RTO 和 ISO 是整个体系必不可少的组成部分。它们给电力批发市场的运作、输送设施的规划提供了一个公开透明的机制。美国国会应该把 RTO 系统推广到美国各地，给 RTO 和 ISO 更大的权力，让它们计划、建设新的电力输送线路。

生气勃勃的节能市场

能源创新的第一波是提高能源使用效率，这一波的最大机会在建筑物上。在减少温室气体排放方面，短期内提高建筑物能源使用效率是最具成本效益的。在这里美国不需要什么突破性的科技，要达到目标所需的产品和服务是现成的。但是这些产品和服务目前只有很小一部分客户在使用。21 世纪 20 年代中期之前最重要的创新就是有组织地扩大节能产品及服务的市场，使之制度化。我们有理由相信，到了 21 世纪 20 年代，生气勃勃的节能市场会大大提高建筑物节能产品和服务采用率。

监管条例要逐步提高新建筑物和新电器的能源效率要求，这是节能市场更好地运作的关键。在这里，联邦政府是关键，它要设定基线标准，和州政府、地方政府在建筑物方面以及和制造商电器方面一起保证标准得到执行。联邦政府的试验平台，如能源部的建筑物节能创新中心等，和创新私营企业的建筑物，即那些通过美国绿色建筑委员会（U.S. Green Building Council）认证为节能水平高的建筑物，可以作为这些标准反复琢磨的试验场。这些建筑物就会成为第一波创新的标准。

监管条例对现有建筑物改造的用处不大，我们需要把经济刺激与新的融资制度、新的行政结构和新的商业模式相结合。公共事业企业越来越注重电网整合，在这种情况下，很多州都会出现建筑物改造的机会。这些计划的行政管理人要让提供产品和服务的企业展开激烈的竞争，让第三方服务提供者更容易拿到能源消耗数据，保证公众能够得到相应的资讯和教育来改变自己的行为。就像针对机动车制订每升汽油运行公里数的标准，给建筑物制订节能标准，将推动节能产品和服务市场更深、更广地发展。提供节能服务的企业，在政府研发和资讯公开制度的支持下，进行商业模式创新，这样美国就能在节能方面拉近和欧洲各国及日本的距离。

地区创新投资银行

为了释放第二波创新的潜力，让低碳电力取代其他能源，我们要以地区创新投资银行（RIIB）为中心建立起一套新机构。第二波创新成功的关键在于把低碳中央发电厂、分散型发电技术和智能电网创新推广开来，把价格降下来。要用新的方式来组织与分配展示和早期使用所需的资金。这套新机构由电力产业各个部分的企业组成，它们和 RIIB 一起把资金分配给大型的首创科技展示项目、经过了展示阶段的项目和早期使用项目。RIIB 的资金并不是项目发起团队的唯一资金来源，它只是作为补充，降低风险。因此，RIIB 的投资能撬动更大数量的私营业界投资。在多个竞争项目中，RIIB 选择投资项目的标准是：项目团队的优势、管理层的质量、新科技达到能源创新目的的潜力以及自己投入了多少资金。RIIB之间也要竞争，看谁的项目组合最强，谁就能得到更多州政府信托机构的资金。过了一段时间，每一个RIIB都会根据所在州的具体情况，在某一个创新领域建立起自己的专长。

州能源创新信托机构

每个州对州内零售电力征收一项创新附加费，每个州的信托机构把收来的资金分配给各个RIIB。信托机构可以把资金分配到州里任何一个地区的RIIB。在分配之前，信托机构要对RIIB项目组合里的每一个展示中、展示后和早期采用项目进行评估，看这些项目是否和信托要达到的目的相符，然后再根据评估结果来做资金分配决定。信托机构比RIIB更能代表电力系统中利益相关方面的利益。信托机构的成员可能包括多个产业、政府机构和官员、环境保护机构和劳工组织及技术专家等。收上来的附加费必须在一年内由信托机构分配给RIIB。

联邦政府守门人

所有申请RIIB资助的项目都必须能够大幅降低碳排放，单位成本还必须逐步降低，这样的项目要通过联邦政府的守门人机构认证。要通过认证，提出项目的团队必须在项目进行过程中不断降低成本。随着项目的不断推进，政府机构对项目的单位补贴会不断下降。认证有一个有效期，如果进步太慢，认证还会被取消。守门人机构的责任是监督项目进展速度。守门人机构还要对同一创新的项目进行监测，避免重复。但是，有时候几个项目从不同的途径达到同一个目的，也有其价值，守门人机构也要考虑到这一点。

动态定价模式

一天中不同时段设定不同的电力价格，能够让用户做出刺激创新的选择，动态定价模式会降低高峰期的需求，因为这个时段的电力价格较高，这就能有效地调动中央发电厂、小型发电商、储电设备供应商和其他电网服务商根据电网上的供求关系做出反应。给用户提供历史基准、和邻居的账单对比省电小窍门等信息，让用户在充分知情的情况下做出用电选择。建立一个联邦政府批准使用的标签制度来证实电表和其他仪器的质量，增强用户对智能电网服务提供商的信心。

开放式电网架构和用户掌控

在动态定价模式的支持下，分散型发电和智能电网技术将会促进节能和整个电力体系的创新。在分散型发电、电网储存和智能电网方面的投资会让整个电力系统更加稳定、减少浪费、对客户选择的反应更快。未来的电网里会有很多实体在竞争，他们都要把不同的服务提供给不同的智能积分电路、不同的客户，让客户很容易就可以把自己接上电网，在电网上扮演自己的角色。监管机构和制定标准的团体会保证服务提供商、用户能够顺利接合，整个电网一直都是开放式的，定价也是透明的。客户的电表是由客户来掌控的，而不是由公共事业企业掌控。客户掌控的架构能够让客户和第三方服务提供商更自由地对不同仪器、行为进行试验，还能够为创新商业模式的开发提供动力。

突破性的创新

我们建议建立一个由联邦政府主持的能源研究架构，这个架构的研究风格多样，非常了解用户情况，比我们现有的架构要大、要多元化；这个架构集中精力为能源供应、输送和使用创造更多选择，它会在 21 世纪后期对降低碳排放做出很大贡献。美国能源部和它下属的实验室会是架构中的重要部分，但是其他政府机关包括国防部等在其中发挥的作用要比现在大。这个国家一级的研究架构将由总统行政办公室统一进行内部协调。这个架构将会长期存在，促进美国国内外交流，支持创新系统的下游发展。

一个具备这些特点的能源创新体系就会有我们刚刚描述的那些特征。它的规模会比现有的系统大，它会解决创新 4 个阶段的所有问题，特别是中间两个阶段的问题，它对所有新的竞争者开放。这个能源创新的新体系会根据竞标过程来分配资源，它还设有一套"定期废止"制度，来保证那些没有沿着既定过程继续前进的项目不再得到 RIIB 资助；通过建立地区性金融机构网络，它就有足够的空间来容纳不同地区能源在创新方面的不同利益和偏好。随着时间的推移，不同 RIIB 会根据所在地区的特点，在能源创新的某一方面建立起相应的特长：东北部的 RIIB 擅长离岸风能，西南部的擅长太阳光能，中西部的擅长碳捕集和封存，东南部的擅长核能等。

结论

创新体系是美国最大的财富之一。现在，美国要把这个体系动员起来，支持一个历时长达几十年的全球性大项目，这个项目要把全球带入一个低碳能源社会。如果想要人类能够避免气候变化带来的最坏影响，同时又享有充足、稳定、价格合理的能源，美国就必须在能源创新中发挥领导作用。美国进行技术、商业模式、公共政策和监管机构创新，从根本上是改变现有的能源生产、输送和使用方式。美国必须建立一个能够迎接这些挑战的创新体系，而现在美国做的还远远不够。在本章，我们简单介绍了美国必须进行的改革，通过这些改革能够创造出一个可以释放美国创新潜力的大环境。在这个大环境里，企业家、投资者、政府领导和其他参与者通力合作，加快向低碳能源社会过渡。

PRODUCTION
IN THE INNOVATION
ECONOMY

5

从创新到制造

中国建立新型能源体系的实践

乔纳斯·纳姆　爱德华·S.斯坦菲尔德

　　中国企业并不是一味依靠生产要素低廉和补贴来取得在高科技生产制造业上的成就的，尤其是在风能和太阳能等新兴能源领域。中国在创新制造业方面独辟蹊径，能够很快把复杂的产品构想转化为可以大规模生产的产品，正是透过这种能力，我们看到了创新和制造之间的密切关系。

中国从 20 世纪 70 年代后期以来一直在稳步发展，但是进入 21 世纪后，中国快速崛起成为全球高科技制造业中心。以价值计算，在 2000 年，中国的制造业产量只占全球总产量的 5.7%。到 2011 年，中国跃上了全球第一的位置，占比达到了前所未有的 19.8%，超越了美国曾经创下的 19.4% 的纪录。中国制造业产量飞速增长，都是在纺织、炼钢和电子消费品等成熟产业中取得的。但是，近些年来，中国在风能、太阳能等新兴科技领域取得的成就比前面创下的纪录更令人震惊，这些成就也是本章重点讨论的问题。

2005 年，中国的风力发电机产量低得可以忽略不计，但是到了 2011 年，中国制造的风力发电机占了全球总量的 50%。太阳能电池板制造的增速更为惊人。2005 年，中国在这个产业中的地位还微不足道，但是到了 2010 年，已经一跃成为全球最大的太阳能光伏电池板（PV）生产国和出口国，发展速度令人目瞪口呆，这也成为中国与北美及欧洲贸易伙伴之间摩擦的主要根源。

处于全世界制造业领先地位到底有什么重大意义？这个领先地位只是反应了生产工资低、资本补贴、免费土地使用权等要素价格低廉，还是意味着它们真正积累了相应的技术和专长？一个国家在制造业占据了重要地位，代表这个国家具备了什么知识和资源呢？这个地位能带来什么优势呢？商业优势也好，其他优势也行，谁掌控了这些优势呢？

本章的论点是中国在新能源科技生产方面占据了中心地位，是因为它把上游创新和下游生产紧密连接在一起了。对这类创新科技来说，要想取得商业成功，关键在于能否把这种前所未有的创新设计转化为一个性能稳定、价格合理的制成品。我们还论证了在这个转化过程中上、下游的参与者必须进行深入细致的沟通和互相学习。这些新兴科技产业尤为如此，设计者不能简单把设计扔给制造承包商就算了。

同时，中国制造业企业的经验告诉我们，上游研发和下游生产制造之间要进行深入细致的沟通并不需要比邻而居。当前，很多再生能源技术，特别是风能和太阳能技术的上游创新还是主要由美国和欧洲企业在它们的国家内部进行的。但是，生产制造则在中国进行。

生产制造在中国进行，是因为中国的整体商业生态环境已经特别为创新制造提供了优良的资源。这种制造业和低廉的生产要素价格关系不大，也不依赖政府补贴。这种制造业发源于上游设计和下游生产的交界处，依赖的是特别的工程学技术。这些技术从很多方面来看都是中国生态环境独有的，中国企业利用这些技术把来自国外的复杂设计转化成很容易制造和扩大生产的制成品。我们证明了中国制造业企业和企业内部的产品开发工程师在同时控制节奏、规模和成本方面有着特别的天赋。也就是说，他们可以很快地把从国外来的先进设计转化成一个可以大规模生产的产品，而且随着产量提升还可以大大降低生产成本。现在，中国的中游资源、下游资源为外国上游创新者的商业化提供了一架必不可少的桥梁。因此，中国在全球新能源技术创新的生态环境中扮演着一个举足轻重的角色。

虽然我们可以说，上游创新和下游创新是密不可分的，但是想要一个产品取得商业成功，必须有效地把上游创新转化成下游生产。我们的研究结果证明，下游产品开发和生产并不能催生出上游的创新能力。我们并不认为把生产制造功能转移到别的地方就一定会把上游创新能力也带走。我们从再生能源技术产业得出的研究结果证明，情况并非如此。今天的中国制造业具有非凡的创新能力，它有着高水平的、知识密集型专属技术，但是这种创新能力和上游的创新能力还是截然不同的。在再生能源领域，我们看不到中国创新制造业企业自然而然地开发出上游创新能力的证据，别的领域情况如何我们不得而知。西方企业因为自己的生产制造活动少了或者是根本不生产了，就说上游创新能力因此被削弱了，我们也没有发现这方面的证据。简而言之，全世界的能源技术生产业务并没有都拱手送给中国，但是因为中国具备的创新生产能力，它的生态环境在全球创新生态环境中扮演着一个非常关键的角色。

关于中国制造业的一些观点

很多学者都把中国制造业的崛起归结于它低廉的生产要素成本。这些观察家们有的认为这种价格结构是市场力量的自然反映，有的认为是大量政府补贴的结果，但是不管是持哪一种观点，他们的论点都是建立在两大前提的基础之上的。

◎ 制造业只向成本最低的环境迁移。

◎ 从事制造业所需的专业技术不多，或者这些技术可以轻而易举地获取。

但是，一些观察家刚刚论述了以上观点，就话锋一转，断言说正是因为中国在制造业占据了如此地位，它才正在开发一些超越制造业范围的专有技术，把触角伸到了设计能力以及新产品、新服务和新流程的商业化。根据这种说法，知识单向地流向中国，然后莫名其妙地把他们不屑一顾的流水线组装体力活变成了高大上的创新活动。

支持这种观点的人给我们发出了警告，说中国制造业的崛起长期来看会削弱美国在创新方面的竞争优势。他们说生产设施从美国搬到中国，美国失去的不仅仅是就业机会，还失去了成功创新的必要元素。这种论调的核心是制造业和创新不仅是紧密相连的，它们还必须在同一个地方才能催生新构想，并使之商业化。

越来越多的文献论述了同处一地的重要性。最近的观点是研发工程师能够看到产品生产的过程，就能够更好地理解现有科技的局限性和潜能。这些工程师也因此能够更好地改善流程，为同一产品开发新用途，甚至能够因此创造出全新的技术来。有些学者说，把创新转化成产品靠的是心照不宣的知识交流，这些知识不能通过长距离来沟通，它们只能在研究工程师和生产工程师的日常交流中点滴积累下来。还有些学者说，创新和新构想的商业化必须有一个赖以生存的供应商网络，这个网络里布满了具备高度专业技术的供应商，它们构成了地方性的供应生态体系，通过提供材料、生产设备、零部件及相应的知识来支持和孕育创新活动，让创新企业把构想变成产品。持这些观点的人认为，中国在制造业方面取得的初步成功是因为生产要素价格优势，现在，其雄厚的制造业基础给它的创新提供了竞争优势，面对这种情况，美国的反应应该是"把制造业搬回美国"。

也有人持完全不同的观点，他们得出的结论和以上观点截然相反。持不同观点的学者们同意制造业搬到中国和其他发展中国家去是因为这些国家具有成本优势，但他们指出真正能够让它们搬走的是信息技术革命，这场革命使得加工、组装这些实体活动能够和更高价值的研发、产品定义、设计、品牌建设和市场推广等活动分离开来。当今的供应链是高度全球化、非垂直化的，中国企业做的都是没有什么技术含量的加工活动，这些生产活动和真正能够创造价值、利润和专属知识的创新活动沾不上边。

持这种观点的人认为，加工和组装已经远离创新，这是一种前所未有的状况，因为数字科技的发展基本上抹杀了心照不宣的知识近距离口口相传的必要性，知识离开了生产制造和研发比邻而居这样的环境也能开花结果。这对中国企业来说，意味着制造业并不能够自动为它们打开发展创新能力的大门。数字科技已经切断了曾经联系着研发和生产的纽带，与此同时也削弱了制造业企业曾经有过的学习机会。对美国企业来说，这就意味着外包和离岸生产是可以持续的商业模式，虽然美国其他阶层不喜欢它们这么做，因为大部分的价值还是由创新带来的，组装和加工在哪里进行并不重要，对中国低成本生产环境加以利用并不影响美国和欧洲创新能力的长远发展。

中国的创新制造业

在 2010 年到 2012 年间，我们采访了 100 多个中国、德国、美国的企业，从中得出的结论是，全球供应链的非垂直化根本没有割断上游创新和生产制造之间的关系，起码在新兴科技产业中没有。我们在前文证明了对很多先进科技产业来说，上游创新和下游生产制造之间的紧密连接是商业化过程的关键。同时，本章也列举了大量实例证明了在产品开发过程中，创新和生产能力是如影随形，但是两者之间相隔着万水千山也可以建立和维持这种形影相随的关系。对外国企业来说，不管它们是否有自己的生产制造能力，中国的制造业基础设施都可以成为它们将创新商业化的平台。跨国企业一直以来都在外国设立自己的研发中心，通过这种方式来利用该国的研究基础设施和创新专长。外国能源科技企业在新产品开发和商业化过程中，经常仰仗中国的制造能力。

我们的论点是，中国企业并不是一味依靠生产要素低廉和补贴来进入高科技生产制造业的，尤其是风能和太阳能等新能源领域。很多国家包括美国，都有政府补贴，中国也不例外，中国的再生能源技术业企业是得到政府补贴的。对这个问题展开全面的讨论不在本章的范围之内，但是对太阳能 PV 产业得到的补贴进行了简要的分析后，我们至少可以得出这样的结论：中国的生产规模不是完全靠补贴来取得的。美国国会研究处最近一份报告表明，美国政府对 PV 的研发和生产已经支持了几十年了。相关的政策支持有：几十亿美元的先进能源制造业税务优惠、给太阳能 PV 制造商提供的 130 亿美元的贷款担保计划、美国能源部推动国内 PV 产业发展的阳光照耀计划。除了联邦政府补贴之外还有州和市政府各级政府的补贴，补贴形式有土地赠与、税务优惠和贷款担保，这些补贴很多是惠及整个制造业的。《纽约时报》在 2012 年估计这些补贴每年高达 255 亿美元，当然这是对整个制造业的补贴，不只是面向能源创新产业。大家都知道很多美国 PV 企业接受了这些补贴，但是大家也同样知道接受这些补贴的企业并不是都取得了商业成功。现实情况是，联邦政府、州政府和地方政府对再生能源企业的直接补贴还没有计算出来。

这样的情况同时也在中国发生，这里补贴的程度可能没有那么严重，资助的方式和美国的截然不同。美国气候政策行动小组的最新报告研究了中国政府对 PV 产业的财政支持，报告指出在 2006 年到 2010 年间，中国政府的支持只有 2 500 万欧元。但是，中国对产业的支持形式多样，更多时候是通过国有银行贷款和其他地方政府融资渠道来进行。有新闻报道指出，中国建设银行给 15 家太阳能和风能企业提供了 290 亿美元的贷款，金科能源公司就拿到了 10 亿美元的贷款。我们并不了解这些贷款的利息是多少，但是其中一部分的利息低于市场价格，这么说一定错不到哪儿去。

我们要说明的是，这些产业在很多国家都得到了大量补贴，中国和美国也不例外。但是，中国进行补贴后的结果比别的国家好得多，产量得到了很大提高，同时技术也更为先进，现在在很多领域都可以称得上是世界一流。

我们认为中国式创新制造的精髓在于同时管理三大与生产相关的挑战：规模、节奏和成本。中国企业不但在扩大生产方面表现出无与伦比的能力，它还能以稳定的速度不断降低单位成本。从生产的角度出发，这三种挑战中的任何一种都是非常棘手的。同时克服三种困难是一个了不起的成就，取得这种成就需要企业具备独有的专业知识，并且能够在生产过程的每一个领域进行创新。虽然这种独有的专业知识可能与上游的科学研发以及革命性、突破性的创新没有直接关系，但很多高科技产品离开了这种专业知识还真不能进行大规模的商业生产，这些产品很多是前所未有的突破性的产品。中国在创新制造业方面独辟蹊径，它能够很快地把复杂的产品构想转化为可以大规模生产的产品，正是透过这种能力，我们看到了生产制造和上游研发之间的密切关系，虽然两者之间隔着一个大洋。

中国创新制造业的主要特点

具有中国特色的创新制造业通过风能和太阳能产业表露无遗，它的 4 大特点让它把制造业和上游创新紧密联系起来：

◎ 制造业企业建立了能够把研发和生产连接起来的强大生产能力，中国的创新制造业是建立在这种生产能力之上的。

◎ 这个创新制造业必须走在科技前沿，不断学习新知识。

◎ 它推动了上游研发企业和制造业企业之间的多向交流。

◎ 它深深地植根于全球生产网络中，是其中的一个重要组成部分。

第一，企业层次的专长主要集中在活跃于上游研发和实际加工之间的工程设计队。这些工程队能够把上游设计转化成可以进行大规模生产的产品，这些设计大多来自企业的客户，由于他们能够很好地控制成本，这些产品才能在市场上取得成功。很多时候，工程队拿到的设计缺乏大规模生产需要的最基本资料，比如说，设计上没有指明要用什么材料，有些零部件还没有具体的设计，特别是没有容易生产的设计。要把这样的设计转化成切实可行的产品，中国工程队必须进行流程创新、结构创新和产品创新。这些工程队要在很多领域独辟蹊径——他们要调整生产设备、把新自动化生产方式整合到生产流程中、改变原有的产品设计，让各个零件之间更容易板块化，有时候为了让产品有新的商业用途，甚至要对整个产品和性能进行重新定义。在这些活动中贯彻始终的是，是否能够将产品进行大规模生产，是否能够降低单位成本。

第二，如前文所述，这种独有的生产制造方式及相关知识，不但存在于成熟产业，它还在新兴科技产业里蓬勃发展。这就进一步说明了创新生产知识的积累不是仅仅模仿别人那么简单，当然，模仿也是其中的一部分。很多中国制造业企业在全球科技发展的前沿学习中积累了属于自己的知识。因此，这些企业除了从事逆向工程、模仿设计外，它们还是创造性流程再设计，产品结构创新，修改传统生产流程，对新材料、新科技进行用途革新的先锋。

第三，因为这些制造业企业在创新制造业的核心处于科技发展的最前沿，学习和知识的交流都是多向的。中国企业当然要向合作伙伴学习，它们把这些海外合作伙伴的技术专长和企业本身的专属知识结合起来。但是，耐人寻味的是，现在中国企业提供的解决方案经常成为海外合作伙伴的学习对象。这种交流与研究报告里经常说到的先进的合作方单方面地把科学技术向后起之秀传授很不一样。美国社会就这方面进行了很多讨论，这些讨论有一个共同的主旋律，那就是我们和中国是两个对立面，他们的制造业崛起和我们的制造业衰落是一个零和游戏，中国知识密集型生产能力提高了对美国创新是一个威胁，我们看到的这种交流和这套论调格格不入。我们亲眼目睹的是一个多向交流、双方同时学习的过程，就像加里·黑里格（Gary Herrigel）曾经描述的"共同发展"一样。海外企业和中国企业一起来克服新兴科技商业化过程中遇到的困难。

第四，中国的创新生产能力深深地植根于由很多企业组成的国际性生产网络中。在这样一个网络里，在很多情况下，很多上游产品设计和关键的生产技术都来自国外[1]。中国企业要知道如何用这些生产设备，在市场决定的时间里，把设计变成一个可以大规模生产的产品，产品推出的价格又必须让产品能够在市场上立足。我们这里描述的不是电子和服装等成熟产业，在这些产业里，上游设计和下游加工的衔接相对直接、简单，通常会很流畅。在其他产业，尤其是本章重点讨论的新兴产业，产品和生产流程都是全新的。这些产业面对的不是成熟产品，它们还在努力走好技术商业化的第一步。比如，上游设计、产品是否可以生产出来、单个产品生产出来能否投入大规模生产、成本，还有产品的最终性能，这些是有高度不确定性的。因此，网络中参与这类产品开发和商业化的企业就不能像成熟产业中分工高度明确的企业那样，只专注于自己分内的任务，把自己做好的那部分交给下一个合作方就可以了。这个网络中的企业必须具备不同企业之间多向交流、学习、共同解决问题的能力。我们认为这种能力就是中国创新制造业的核心所在。

对中国制造业的其他研究

我们对中国产业的研究，是以其他学者的研究成果为基础，这些理论开创了历史先河，在很多方面深刻地影响着我们。这些学者为理解企业是如何在先进工业经济体中创造价值做出了巨大的努力，在这个过程中，他们让创新的讨论不再局限于传统的产品创新、渐进式创新和颠覆式创新的区别。他们把讨论的中心转移到"产品结构"上，一个产品的零部件是如何联系、互动来决定产品性能的，这些设计信息就是"产品结构"。制造业企业对这些设计信息做出的改变，也就是"结构创新"，可能不会改变产品的外观，甚至不会改变产品的性能（起码短期内不会），但是却可以给产品的其他方面带来很大的变化，这些方面包括降低成本，使它可以更好地和更多其他产品一起使用，在很多情况下，经过一段时间还会改变它的性能。

近年来，很多学者都找到了中国企业进行结构创新的重要例子。葛东升和藤本隆宏对中国摩托车组装企业通过逆向工程把日本领先企业的整体设计板块化了。中国企业不只是模仿，因为新的设计虽然在产品功能和质量上做出了牺牲，却大大降低了生产成本，新的设计还可以用上很多零部件市场上的零部件，而不是只能使用原装零部件。迪特尔·恩斯特（Dieter Ernst）和巴里·诺顿（Barry Naughton）在信息科技产业也找到了相似的例子，中国在这个产业有很多后起之秀，华为就是一个很好的例子。在这个产业里，同样的事情发生了，它们没有开发出一个全新的产品，但是它们对现有的全球性产品的基本结构进行了改造，推出市场的产品成本低了很多。这种创新让它们创造了新市场，并从中获得了丰厚的利润，先进工业国家里对价格比较敏感的客户，以及发展中国家的大部分客户都会选择使用这种新设计。

研究还发现，如果中国企业没有对产品结构进行改造，如果别的企业对某个产品进行了模块化，它们也会很快行动起来，采用这种新的产品结构。恩斯特和诺顿指出，在半导体设计产业，中国的山寨智能手机市场迅猛发展，中国的半导体公司从海外购买了主要的集成电路设计工具和知识产权，通过与台湾半导体这样的产业龙头企业合作，成为这个市场的主要供应商，展讯通信有限公司就是其中一个例子。

有些学者提出了这样一个论点——结构创新在有些情况下带来了产品创新，我们认为这个观点是合理的。图恩（Thun）和勃兰特（Brande）对中国的汽车、建筑器械和机床产业进行了研究，他们指出中国企业对世界上老牌企业的主要型号进行了重新设计，创造出全新的"中档"产品，在多个国家发展最快的细分市场里，这些产品以其独特的性能和价格优势出尽了风头，在中国更是如此。在图恩和勃兰特看来，"新产品创新"和结构创新并无不同之处，葛东升和藤本隆宏、恩斯特和诺顿观察到的逆向工程和创造性模仿也没有削弱这个观点。亨德森和克拉克在提出结构创新的原文中也指出，结构创新和产品创新经常是齐头并进的。

但是，我们观察到的情况和这些文献里讨论的还是很不一样的，部分原因是以前的研究重点都是成熟产业。这些产业直到今天也还是沿着传统的产品周期来发展的。最新、最先进的产品都是由处于全球领导地位的企业首先在其总部所在国开发出来，产品也是首先在这些发达国家推出。过来一段时间，最富裕的市场饱和了，生产流程也标准化了，这时产品及生产技术才转移到发展中国家去，这些发展中国家自然也包括中国。现有的研究报告强调，这时候另一种创新开始了：板块化、降低成本，甚至对产品进行渐进式的改良。正因如此，葛东升和藤本隆宏、图恩和勃兰特、恩斯特和诺顿在报告里说中国企业以后起之秀的姿态进行了很多创新活动，这个描述是准确的，它们生产的东西，不管我们称之为模仿、冒牌还是低价版本，都会被看做是非原创的。就算是大家都承认中国有创新活动了，用来说明这种创新活动的例子也都是把现有的全球性产品做了因地制宜的改造，把这些产品推向低端市场，也就是为了满足不那么富裕的、对产品性能要求不那么高的客户需求。它们把产品简化了，也把价格降下来了。

对这些现象进行观察的学者们恰如其分地强调掌握这种创新要克服的种种困难。但是，所举的例子都来自成熟产业，都是按照传统的产品周期来进行的，这些研究结果很容易被认为，为错误的传统观念提供了证据。这些研究结果含蓄地支持了这样的观点——真正的产品、技术创新还只是在先进的工业发达国家发生的事情，或者是来自发达国家的企业才能做的事情，后来的模仿、简化和改良才在像中国这样的发展中国家展开，进行这类创新活动的本土企业都是在产品周期的后半部分才加入战团；我们并不认为这是作者的初衷，但是事实就是如此。

第一，因为我们研究的中国创新制造发生在新兴产业中，在全球各地，无论是发达国家还是发展中国家，这些产业还在不断演变之中，市场也还没有明确，我们有资格对现有研究报告中没有挑明的想法提出不同意见。我们要对"不同形式的创新分为三六九等"这种观点提出异议，我们认为创新就是创新，不能按照商业意义和社会规范来对它们进行等级划分。也就是说，我们不同意产品创新比其他形式创新优越的观点，这种观点认为不管是逆向工程还是流程改造等结构创新，都比不上全新的产品创新。从这个角度看来，我们的研究方法与他们的研究工作有一定的相似之处；他们对中国的电子产业进行研究，描述了中国企业把最新的科技创新转化成产品的能力，虽然这些企业并没有参与这些全新技术的开发，但是这并不影响他们的制造能力。虽然丹·布雷温兹（Dan Breznitz）和迈克尔·墨菲（Michael Murphee）也指出，一味推崇"真正创新"，削弱了中国这种生产制造创新的重要性，而这种创新是产品构想商业化中必不可少的；但是，他们还是认为中国企业是在努力跟上西方科技发展的步伐，而不是以自己独特的方式在为创新做贡献。在他们看来，中国式的生产制造创新是产品创新的重要催化剂，但是这种创新还只是给美国和别的发达国家的上游研发打下手。

第二，有观点认为，各种不同形式的创新可以整齐地分割开来，再按照时间的先后顺序排列开来，我们对此也不能苟同。必须指出的是，这样的观点普遍隐含在关于创新的讨论中。这种观点从麻省理工学院到中国都无处不在，麻省理工学院就经常把创新等同于大学实验室里孕育出来的新科技，中国政府对新科技都不在中国诞生这个事实懊恼万分，为改变现实发动了一场轰轰烈烈的"本土创新运动"。

我们的研究结果让我们从一个完全不同的方向思考。在最基础的层面上，它们强迫我们重新考虑：创新从商业的角度来看，到底意味着什么？创新并不只是意味着前所未有的新事物，不管这种新事物是新产品、新流程还是新的设计机构，只是新本身还算不上是创新。新事物是"发明"，而创新是发明和商业化的结合。也就是说新产品构想、新的生产流程、新的设计结构要能够在商业世界里赢得价值才能被称为创新。很多新技术，甚至是有些长期存在的老技术，就像硅光电池生产那样，到了要大规模生产来满足全球市场的需求时，才突然明白最大的挑战不是把新产品想出来，而是如何把这个构想变成能够在商业世界中取得成功的产品。工程上的障碍是很难跨越的。一个新产品构想怎样才能变成一个可以真正投入生产的东西？应该把什么材料组合在一起使用？设计应该如何在产品特点也就是产品质量、稳定性、性能的最大化程度与是否容易扩大生产之间找到平衡点？能源科技产品的市场巨大，但是对某一个特定产品来说，这个市场稍纵即逝，怎样才能在市场规定的时间段内完成这一切？这些问题的答案就在上游研发和下游生产的交接处，我们认为这个关键交接点就是当代中国创新制造业的核心所在。

我们不认为创新制造是产品开发的一个衍生物，它也不是产品开发完了之后才想起的补救方法，它是开发过程中必不可少的、需要大量工程学专长的一部分。正因如此，它经常要同时管理结构创新、流程创新和产品的基本定义。

和以前关于中国创新的文献相比，我们观察到的现象有三大不同。

第一，我们观察到的不仅仅是对海外设计的模仿，还有不同企业之间，通常是跨越国境线的合作，这些企业共同进行新技术、新设计的开发。第二，我们观察到的不是单方面的学习，也就是知识只从发达国家的行业老大输送到后起之秀那里，我们观察到的是多方向的学习，特别是带着上游设计知识的外国企业通过学习来适应中国的制造和扩大生产的方式，反之亦然。第三，我们注意到大家一直都非常强调节奏。对本章重点研究的能源技术产品来说，节奏又特别重要，静态成本都不是大家关心的问题。大家关注的是在市场对这个产品开放的时间段内能够做到的成本。上游开发商知道这个领域的新产品必须很快开发出来，对他们来说，速度重于一切。能够为他们提供满意答案的通常是中国创新制造业企业，因为中国合作伙伴最擅长的就是以非常快的速度把上游设计转化为可以生产的产品，而且它们的做法和西方企业刚开始引进复杂的科技系统时的做法还不一样，它们不用走把产品组装起来再分解开来，重复好几次的过程，这个过程通常是上游设计团队最难忍受的。

20世纪80年代以来，中国的工业竞争优势取得了很大的进步，这是毫无疑问的。刚开始时，这种相对竞争优势只是建立在低廉的生产要素成本上，也就是工资低，到了20世纪末，中国的竞争优势已表现在知识密集型产业上。这些竞争优势也还是以前的研究报告中说过的产品发展后期的逆向工程、产品用途革新和因地制宜的产品改良。我们对中国创新制造业的评价是，起码部分中国企业的竞争优势已经在前面描述的基础上又上了一个台阶，这个新台阶位于全球科技发展的最前沿，植根于全球创新网络的深处。中国的创新者不再是想尽办法地从现有产品中挤出丁点价值来，新技术商业化已经变成了一个全球化的跨国合作，中国是这种合作中不可或缺的参与者；人类社会面临着很多急需解决的问题，如气候变化、资源短缺和城市化等，这些新技术能够帮助我们解决这些问题。

风能与太阳能

在本章这个部分，我们让大家对中国跨越两大再生能源产业的创新制造业有所了解，它们是风力发电机和太阳能光伏。我们在前文已经说过，中国以不可想象的速度建立起大规模的风能和太阳能制造能力。中国变成了两样技术的制造中心，它利用这个中心地位不断加强在这两个产业中创新产品开发和商业化的优势。时到今日，很多效率最高的太阳能光伏技术都是由中国企业首先向市场推出的，很多最先进的风力发电机设计也是和中国企业联手商业化的。

很多西方政治家和记者对中国在这两个产业的崛起表示忧虑，他们认为政府补贴在支持本土企业的同时也危害了世界上的其他竞争对手。我们并不否认，中国企业和美国、欧洲的再生能源企业一样，都受惠于政府的优惠待遇，但是很多学者认为这两个产业也和其他制造业一样，都是由低廉的生产要素价格和政府补贴来推动发展的，我们觉得，这两大产业与其他制造业相比有四大不同点，这些不同点让这个论点站不住脚。

第一，观察家们都认为中国的低成本劳动力是制造能力快速发展的原因。事实的确如此，中国的劳动力成本只是美国、欧洲的一小部分。据美国劳工统计局 2010 年和 2011 年的估计数据，2008 年，中国制造业平均工资是每小时 1.36 美元，美国的是 32.26 美元。但风能和太阳能产业并不是劳动力密集型产业，因为太阳能晶片、太阳能电池的生产自动化的程度越来越高，即使在中国这样的低工资国家也是如此。有学者于 2010 年对再生能源的就业情况进行了调查，得出的结论是，每生产一兆瓦的太阳能电池板，平均能够提供 7 个制造业职位，每生产一兆瓦的风能发电机，平均能够创造出 24 个制造业职位。而且，中国国内的工资差别也很大，差距还在不断拉开，但是风能和太阳能企业并没有因为劳动力成本低就搬到内陆省份去，大多数再生能源企业还是在工业化的沿海大城市，虽然这些城市的工资涨得很快。

第二，观察家们认为中国巨大的国内市场也让中国企业有理由胸怀这样的雄心壮志。在这个问题上，我们观察到风能和太阳能还是很不同的。中国政府在 2011 年才成立了一个鼓励需求的补贴计划，补贴规模也不大，所以国内市场对中国太阳能光伏企业的发展帮助不大。中国太阳能企业几乎把所有产品都出口到德国等国家，因为那里的政府采用了刺激需求的监管措施来创造出一个国内市场来。在风能产业，情况正好相反。从 21 世纪初期，中国就实施了一系列刺激需求的监管条例，条例包括技术组合标准、风能电力上网电价等，这些都是 2006 年开始实施的《中华人民共和国可再生能源法》的一部分，这项立法把中国变成了全世界最大的风力发电机市场。一个巨大的风能国内市场当然促进了国内风力发电机制造业企业的发展，这个市场把国际风力发电机生产企业吸引到中国来，这些企业把生产设施建在中国后，就会进行技术转让和当地供应商培训。但是，太阳能企业没有国内市场需求也取得了这么大的成功告诉我们，国内需求不是中国再生能源产业成功的唯一原因。

第三，有人主张设立反倾销关税来保护美国再生能源企业，减少中国竞争者对它们的打击，这些人的理由是有了政府的支持，中国企业才能以低于市场的价格来出售产品。随着中国风能和太阳能制造业的兴起，太阳能组件和风力发电机的价格是大幅下跌了。从图 5-1 和图 5-2 就可以看出，随着生产在中国的本土化，风力发电机的价格出现了断崖式的下跌。太阳能产业的价格下跌得更加惨烈。太阳能组件的价格在 2008 年大概是 2.75 美元 / 瓦特。到了 2012 年初，为了满足迅速增长的市场需求，中国的产能翻了几番（见图 5-3），价格也跌到了大概 1.1 美元 / 瓦特。

但是，风能和太阳能产业的价格下跌和产业发展并没有和政府支持完全同步发展。2003 年以来，中国风能产业一直受惠于大量的中国政府支持，很多时候是通过科技转让和外国企业生产设施本地化的形式来进行补贴；但是太阳能产业的发展就没有中央政府的特别支持。中国太阳能企业享受的补贴是面向整个制造业的（其中也包括风力发电机制造业企业），补贴不是中央政府给的，而是由低一级的政府机构提供，主要是税务优惠、土地折价使用和低息银行贷款等。只是到了最近，中国政府才给了不多的需求刺激补贴。风能和太阳能企业在没有各级政府提供各种补贴的情况下，仍然可以迅速、大幅地降低成本，政府补贴就不是它们成功的唯一原因。

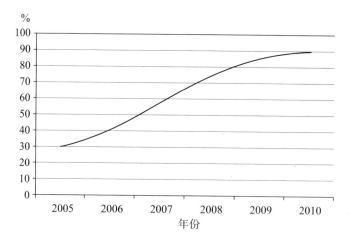

图 5-1　风力发电机中本土化的比例（％）

资料来源：中国风能协会，《中国风能安装容量统计》（2005—2010 年）。

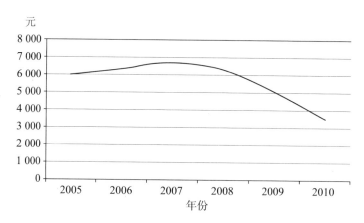

图 5-2　每千瓦风力发电机的价格（人民币计价）

资料来源：中国风能协会，《中国风能安装容量统计》（2005—2010 年）。

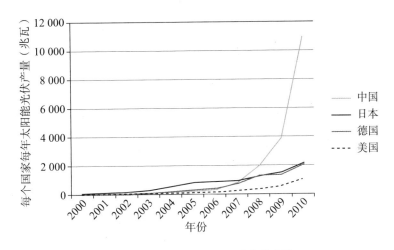

图 5-3　每个国家每年太阳能光伏产量

资料来源：地球政策协会（Earth Policy Institute），2011 年。

第四，观察家认为中国企业的股权结构，也就是说这些企业都是以各种形式出现的国有企业，给各级政府提供了为企业遮风挡雨的动机，尽量保护企业不受市场竞争的影响。支柱产业的很多大企业都备受政府官僚机构保护，甚至可以被看做是整个官僚机构的一部分，这些企业不会破产，这就让它们敢冒投资风险，得到低息信贷，施行有进攻性的定价策略。

但是，我们观察到在风能和太阳能产业中，各家企业的股权结构大不相同，这些股权结构并不可以统一归类为国有。很多风力发电机制造业企业和政府关系密切，有些是国有的，有些是从国有企业和电力公司剥离出来的，但是中国的太阳能企业几乎都是私营企业，很多还在美国上市。很多大型企业不但是由"海归"创立的，企业的大部分股权还是外资拥有的。

简而言之，风能和太阳能产业在很多方面都有其独特性，它们飞速成长的原因也和传统产业很不一样。但是，这两大产业的发展轨迹都证明了中国的制造业有着知识密集型的特点。

中国的 3 种开发模式

知识密集型制造业，特别是在扩大生产部分，形式多样，每一样都有着自己独特的能力，都为合作各方提供了不同的互相学习机会。我们在研究中发现了 4 个不同的形式，每一个形式我们都用一家企业做例子进行说明。每个形式都有一套在上游研发和生产制造交接处建立起来的技术。这 4 个形式都用这些技术来改善节奏、产量和成本，其中 3 个是在跨国合作中建立起来的，是中国制造业企业和外国上游创新企业共同合作时建立起来的。虽然，我们说这 4 个形式各不相同，但它们又不是互相排斥的。我们采访的很多企业都同时进行着好几种知识密集型产品开发，和不同的上游研发企业建立了合作关系，利用这些关系来帮助它们控制节奏、产量和成本。中国市场竞争那么激烈，只有这样它们才能在这个动荡的市场中生存下来。

逆向工程设计、重新设计别人的现有产品

在这种形式的知识密集型产品开发中，为了降低生产制造成本，企业利用在上游研发和生产制造交接处建立起来的生产能力来重新设计一个现有产品。这个形式和其他形式相比较，与传统的逆向工程有很多的相似之处。在现有产品的基础上创造出一个新版本，这个新版本更易于大规模生产，这样中国企业就能够在价格上打败最先生产这个产品的企业，在国内外市场上夺取更大的市场份额。

但是，很多中国企业靠逆向工程设计，使得产品特征适应某个价位的要求来取得这种价格优势，而不是依靠低廉的生产要素价格和大规模生产。客户会面对很多产品选择，经过权衡之后，最终决定选择哪个产品的是价格，所以很多企业即使牺牲质量和性能也要把价格降下来。经过这个过程出来的产品和原来的样本很像，但是通过简化零部件、使用便宜的材料，使产品变得更加容易生产，产品就可以以很低的成本快速地扩大生产。逆向工程设计不是模仿也不是

照抄，经过这个过程出来的产品有着和其他产品截然不同的特点。成本优势的主要来源不是低廉的生产要素成本，企业经过深思熟虑之后对产品做出的改变创造了成本优势。在逆向工程设计过程中建立起来的关系和进行的互动各有不同，在某些情况下，这个过程能够让中国企业赢得很大利润，在另外一些情况下，这个过程创造出一个竞争非常激烈的环境，让整个产业的边际利润变得都很薄，如果当地生态环境中其他企业可以很快地复制这个过程，边际利润就会变得更薄。

风力发电机产业就能够很好地说明逆向工程设计覆盖的范围有多广。其中一个例子是，一家中国企业从德国风力发电机企业那里拿到了一个授权，授权它生产发电机中的一个关键部分。发电机里有一个重要的零部件是电扇，德国企业不知道如何把性价比最高的型号装在这个发电机里，解决不了这个工程学问题。但是，拿到授权的中国企业，在扩大生产过程中对发电机进行了重新设计，之后这家企业就能够把这个便宜一点的电扇装进发电机里了，最后，这家企业还把这项创新授权给原来的德国企业，让德国企业可以使用它们的设计。[2] 中国企业的逆向工程设计能力让它们做到了德国企业想做而没有做成的事情，因为德国企业认为这是不可能做到的。德国企业看到实际结果时，它们愿意为这个专属知识付费，接受中国企业的反授权。[3]

在这个例子里，中国企业在正式合约关系下为德国产品创新做出了贡献，但是在很多其他情况下，中国企业利用逆向工程设计技术来开发便宜一些的中档产品，直接与原来的产品和企业进行竞争。很多跨国企业都不能，有时候也是不愿意开展这种纯粹是为了降低成本的重新设计，结果市场份额就让更便宜的同类产品抢去了。在中国本土市场，这个问题尤为突出。

风能的国内市场不断扩大，吸引了很多在这个行业中打拼了很久的外国制造业企业及其供应商来中国设厂，本土企业利用逆向工程设计策略，很快就开发出参与竞争的产品，这些产品的成本要低得多。中国企业从外国供应商那里购买重要的零部件，通过授权获得技术转让，收购小型外国竞争对手，通过这些策略，中国企业可以拿到需要的科技，这么做的难度不是很大。但是，中国企业并没有按图索骥地完全按照这些设计来生产，他们通常会使用逆向工程设计，把原来的材料换成便宜一些的，把设计改得更加容易生产，在条件允许的情况下，尽量从国内的供应商那里买简单一些的零部件。这样做的结果是风力发电机的价格三年内从 7 500 元 / 瓦特跌到了 3 500 元 / 瓦特，让很多外国企业无法和它们竞争，虽然这些外国企业的生产已经全部搬到中国了。[4]

中国风力发电机制造业企业进行逆向工程设计的速度已经成为一个很大的竞争优势，也有想走同样路线的外国企业，但是速度跟不上中国企业。比如说，一家欧洲风力发电机制造业企业以中国企业为榜样，为中国市场开发了一个便宜一些的中档产品，他们用的材料、零件和供应商都和中国企业的相当。这家欧洲企业最后也开发出了一款价格和中国产品相似的产品，但是，当他们完成了逆向工程设计，建立起当地的供应链时，产品已经过时了。那个时候，中国市场已经转向喜欢大型发电机了。[5]欧洲企业动作慢的其中一个原因是欧洲总部的审批和谈判花了很长时间。中国企业能够有这样的速度优势，其中一个原因是它们很愿意给产品设一个目标价格，这个价格在外国企业看来是低得离谱的，之后它们再迅速地想出可行的方法和设计。中国企业经常会不按流程、规矩办事，只是一味强调速度和成本。

要在中国的风力发电机市场具有竞争力，就必须以很低的价格来卖风力发电机吗？即使这么做意味着要在质量上投机取巧，影响到发电机的长期稳定性也在所不惜吗？中国风力发电机制造业企业这么做，会不会把整个产业的边际利润都压得很低，最后这个产业变得对它们自己和外国制造商都没有吸引力了？这些都是还没有答案的问题。但是有一样东西是很清楚的，那就是中国风力发电机市场还是一个相对公平的竞争环境，在这里外国企业的生产也本土化了，大家都在追逐中国国内市场，中国企业能够很快地推出一系列的产品，这些产品的成本比外国竞争对手最便宜的型号 4 500 元 / 瓦特还要便宜 25%。[6]

帮助别人把崭新的构想变成现实

中国企业能够把复杂产品开发出来的能力还表现在另一种合作方式上，这种合作是对中外双方都有利的多方向学习、互动。这是中国企业逆向工程设计的第二个表现方式，在这里，中国企业利用它们掌握的知识、产品开发能力和逆向工程设计能力来帮助外国企业把产品设计变成一个可以大规模生产、能够取得商业成功的商品。外国企业提供最初设计，中国企业要想办法对设计进行修改，让它能够适合大规模生产。在这里，它们调动了生产制造和上游研发交接处的能力来控制节奏、产量和成本，在展开大规模生产的过程中实现这些目的。

外国企业为什么要依赖中国企业的创新制造能力呢？这个问题有很多不同的回答。外国企业可能它本身根本没有生产能力，也可能因为它能够把产品生产出来，但是产品价格让这个产品根本不可能在市场上取得成功，还可能是把一项新科技商品化所需的资本和机械成本太过巨大，让它们裹足不前。但是这些企业都有一个共同点，那就是它们都依赖中国企业的生产能力来把它们的产品以市场能够接受的价格进行大规模生产。过去外国企业都是把过时的技术通过授权或者出售的形式给中国企业在国内进行生产，现在的中外合作把全新的创新带到了中国，因为中国具备了把新技术商品化的专长。

其中一个例子是，2009 年，一家中国的风力发电机制造业企业从一家欧洲工程企业那里拿到了一个独创性全新设计的 10 年生产授权。这个风力发电机采用了一个与众不同的全新设计，这个概念使得风力发电机在离岸、在岸应用中都更加稳定、用途更广。表面看来，这是一桩再普通不过的授权交易，和中国经济发展过程中进行过的无数桩交易并无不同，但是，再细看一下，我们就可以看到这是一个比以往交易复杂得多的多方向学习过程。虽然欧洲企业提出了发电机的设计构想，在中国企业签订合约两年后，它们才开始为适应大规模生产和降低成本进行重新设计。当初要拿这项技术授权的企业很多，欧洲企业选择了这家中国企业就是因为它具有大规模生产的能力，同时又能保证技术在商业上取得成功，中国企业拿出来的是全套解决方案。中国企业雇用的工程师对设计进行了修改，简化了机械加工和组装过程，通过和其他国内企业合作，采用了国内供应商，替换了原材料，降低了成本。在扩大生产达到大规模生产过程中，中国企业还对设计进行了调整。[7]

中国工程队认为从这次合作中学到了很多东西，欧洲合作方也有同样的体验。这家欧洲企业自己没有任何生产能力，未来想保持和提高设计能力，再三强调它们一定要参与小规模试生产及以后的开发过程。对这个发电机来说，这方面特别重要，因为零部件也是很新颖的，做原型机时，所有的零部件都是欧洲企业自己生产的。欧洲企业的工程师意识到他们必须向中国合作方学习，来提高为大规模生产而做的设计，这对保持竞争力和创新能力非常重要。[8]

所以，两家企业之间的授权协议只是一个法律形式，实际的合作过程比简单的技术授权要深入得多，这两家企业根据对方可以提供的特别能力进行了双向选择。对中国企业来说，新式设计让它们在这个竞争剧烈的环境中获得了一个商业优势，还得到了一个学习和掌握一项新技术的机会。对欧洲企业来说，中国方面有着丰富的生产经验、庞大的生产设施和深厚的专业知识，能够把复杂设计转化为在价格上很有竞争力的产品。中国企业掌握的技术专长让它们能够对创新商品化做出大贡献，这使得中国在国际劳动力分工上占据了一个关键的位置，它不再仅仅是由于生产要素价格低廉而成为"世界工厂"。在崛起过程中，中国还推翻了很多传统看法：大家都认为先进的创新能力必须和生产制造比邻而居，中国让大家看到创新和生产制造虽然远隔万水千山，还是可以紧密相连、密切合作的。

快速开发全新的产品创新

中国企业把新产品很快地开发出来的能力不是只用于外国企业研发的产品，虽然前面举的两个例子都是这样的。有时候，中国企业也会使用这种能力来为自己开发的全新技术进行商业化。因为这些企业具备了开发制造方面的特长，它们独具慧眼，能够在众所周知的新兴科技里看到商业潜力；因为大家都认为开发这些技术需要的投资太大，风险太高，它们就一直处于休眠状态。总的来说，在以下情况下，生产知识和制造能力扮演着特别关键的角色：

◎ 当一个新构想要转化成一个产品时，如果可生产性是关键的话。

◎ 产品所在市场变化非常快，为了抓住机会，产品开发必须在很短时间内完成，风能和太阳能等新兴产业尤为如此。在这些市场里，政府政策和需求方监管条例强烈地影响着实际需求，使得全球市场都很动荡，商业计划也稍纵即逝。

所以，虽然这些产品不是过程创新的结果，注重节奏和速度的生产制造能力对产品是否可以在市场上取胜非常重要。

一家中国太阳能光伏制造业企业就是一个很好的例子。[9] 和太阳能产业里的很多创新一样，经过不同过程从光到电的转化率很容易计算出来，但是在实践中却很难做到。这家中国太阳能制造业企业开发出来的创新技术就是以一个大家都熟悉的理论原则为基础，但是还没有人把这个理论原则运用到商业化的太阳能产品中。这家中国企业和很多海内外的竞争对手一样，正在寻找把这个原则商业化的方法，因为这个原则起码在理论上可以提高太阳能电池板的效率。这家企业的研发中心发现，一个第三方供应商生产的一种材料可以让它们在实验室里做从太阳光转化成电的实验。经过几个月的试验后，他们达到了想要的转化率。但是，另一大挑战是如何用现有的生产设备来生产按照这个原则创造出来的太阳能电池。因为新型电池需要使用不同材料，就比传统的太阳能电池要贵。硅是太阳能电池的主要原材料，那时候，硅的价格非常高，硅的高价格让它们有理由以较高的成本来生产效率更高的电池。在这种情况下，最重要的是速度，因为硅的高价格可能只能维持一段不长的时间，进行这方面研究的竞争对手可能还没有取得它们这样的突破。中国专利办公室没有给予这项技术专利保护，因为它是以一个众所周知的原则为基础的，这段时间也不会很长。[10]

经过研发团队和生产工程师的通力合作，这家企业用现有的生产设备生产出新产品，几个月后，4条生产线源源不断地产出新的高效率电池了。正是因为这家企业能够用现有的生产设备来快速开发一个新产品，他们的发明才可以在很短时间内就变得有利可图了。速度能够让企业捕捉到创新的商业价值。等到其他竞争对手也开发出相似的产品时，硅的价格已经大幅下降，这家企业决定不再生产这种新电池，转为生产传统硅电池，因为已经没有必要为提高转化率支付额外成本。[11]

中国的产品平台

中国制造业的规模宏大、技术知识渊博，为很多国际创新者提供了把新技术融入现有产品的平台。在很多情况下，中国制造业企业把一个创新者的技术融入一个大量生产的产品中。这家企业外部创新者可不是一个高端第三方零件供应商那么简单。在很多情况下，这个创新者是在和中国客户共同合作对这项技术进行商业化。这个创新者带来的技术可以运用到中国制造业企业已经开发出来的产品中。中国企业带来了生产知识，它们知道如何使用现有生产技术把这项技术融入产品的知识、使用该技术后这个产品能够得到什么改善。由于双方的合作，一个零部件技术在商业化的同时还可以通过一个现有产品得到大量生产。

在这些情况下，这些全球创新者和中国企业之间的合作不只是一项简单的商业交易，而是一个共同开发的合作过程。通过这个过程，它们对这项技术的应用进行了定义。这对有多种用途的新技术尤为重要，就像有多种用途的液体纳米材料一样，它可以用在平板显示技术上、太阳能电池板上和 LED 照明上，把这些技术整合到一个大规模生产的现有产品中，就把技术转化为一个具有商业价值的零件了[12]。因为中国企业和创新者进行共同开发，这项新技术马上就有了自己的市场，中国企业给新技术带来了很大的需求。在这种形式的技术整合中，技术的原创者和中国企业都贡献了知识，这是一个多方向学习的过程。但是，这个过程和中国企业帮助复杂设计商业化的情况不同，这里讨论的技术整合中，中国产品平台通常决定了新技术的基本特征和市场。

美国创新光公司（Innovalight）和中国太阳能电池制造业企业晶澳太阳能公司的合作就是其中一个例子。通过这个例子，我们可以看到一家外国企业是如何把中国的制造业基础设施用作产品开发平台的。创新光是一家成立于 2002 年的硅谷新创企业，它开发的一种纳米材料潜在用途很广，从集成电路、显示器到太阳能光伏都可以用到。在能源部资助以及美国国家可再生能源实验室（NREL）的支持下，这家企业知道了这种纳米材料（一种硅墨水）在太阳能光伏产业的应用原理。NREL 的研究表明，这种墨水可能会把太阳能电池转化率提高 7%。虽然创新光公司和 NREL 合作让它们弄懂了这种材料是如何提高单个电池的转化率的，它们两个都没有大规模生产的经验。它们也都不知道如何用一种高成本效益的方法来把这种材料应用到太阳能光伏的大规模生产中。外部投资者对创新光公司这方面的知识肯定是持怀疑态度的，因为它想建造一个太阳能光伏生产设施，但是没有投资者愿意给它融资。

到了 2009 年，这家企业资金链很紧张，快要破产了。在这种情况下，这家企业改变了策略，它开始把技术通过授权转让给太阳能制造业企业，不再想建立自己的生产制造业务了。就在同一年，创新光公司找到了晶澳太阳能公司，建立了合作关系。晶澳太阳能公司当时正在寻找自己的竞争优势，创新光公司的新技术能够大幅提高转化率，晶澳太阳能公司愿意投资来共同开发这项新技术，因为这项新技术能够大大提高它们主要产品的市场吸引力。它们的构想是把这种纳米材料运用到电池上，让它成为电池中的一个零配件，以提高电池的转化率。经过一年的共同研发，这两家企业宣布它们的合作取得了成功，它们能够用创新光公司的硅墨水技术生产出高转化率的太阳能电池。合作成功之后，这两家企业在 2010 年签署了一份供应硅墨水的合约，还签订了一份共同开发高效太阳能电池的战略合作协议。

对晶澳太阳能公司来说，和创新光公司的合作让它们能够使用外挂技术来开辟一条高效能产品线。对创新光公司来说，和晶澳太阳能公司的合作给了它 NREL 不具备的生产能力。和晶澳太阳能公司的共同开发第一次证实了创新光公司的硅墨水技术可以成为一个为太阳能光伏做贡献的产品。从此之后，创新光公司在太阳能产业有了一席之地，它开始向其他太阳能制造业企业授权转让技术。

凭借着这些成功记录，创新光公司在 2011 年被跨国企业杜邦公司收购了，成为了杜邦太阳能分部的一个部分。杜邦公司把创新光公司的硅墨水技术和自己开发的金属浆技术、太阳能电池背衬膜技术结合起来。在 2012 年 1 月，杜邦公司和中国的太阳能光伏制造业企业英利签订了一亿美元的供应合同。现在创新光公司也把同样的技术授权给晶澳太阳能公司的竞争对手了，我们还不知道，晶澳太阳能公司是否能够把它和创新光的合作变成一项长期的竞争优势，但是有一点是非常清楚的，晶澳太阳能公司的生产制造能力在硅墨水技术的开发中起到了关键作用，没有晶澳太阳能公司的生产能力，硅墨水就不能成功地成为太阳能产业中的一个产品。这次跨国合作两家企业都冒了风险，通过这个多方向的学习机会，中国的生产知识为一项美国创新的商品化提供了平台。

创新的生态环境

本章我们努力说明了，在很多情况下，对创新来说，上游研发和生产能力之间的关系是非常关键的。美国制造业在很多方面都日薄西山，这使得美国企业很难在本国建立这样的关系。但是，如上所述，很多美国和欧洲企业成功地和中国企业建立起合作关系，美国的上游研发企业在没有和中国企业同处一地的情况下，就成功地利用了中国独特的创新制造能力。在我们讨论的例子中，上游研发和生产制造虽然在地理上是分离的，但是在组织上却紧密相连。这种联系方式有很多正面影响。对有关企业来说，虽然在地理上远隔万里，但是还是能够建立紧密的合作关系，这一点意义特别重大。因为这样，两个截然不同的生态环境中发展起来的技术才有了互相撞击的机会。对于不同的生态环境来说，能够把研发和生产制造完全分开，意味着不同的生态环境可以保持、改善各自的专长，就像企业可以通过多方向学习来共同提高各自的能力一样，双方都没有模仿对方的专长和优势。各有专长的企业之间可以开展长距离合作，共同开发产品，就能够让产品更快地推陈出新，降低成本，增加产品功能。

我们的例子也说明了，中国的创新制造业专长也不是在一个只有中国企业的环境中发展起来的，外国企业也对中国的创新制造业做了贡献。有时候这些外国企业就在中国境内，有时候这些外国企业在很远的地方和中国企业进行远程互动。不管以何种形式进行互动，外国企业是科学技术和知识的关键来源。但是，这又不同于单方面的"科技转让"、单一方向的知识流动。这也和传统的供应链不一样，在传统的供应链中，供应商和转包商创造的营业额大部分都被领头企业拿走了。这是一个多方向的复杂现象，在这种合作关系中，中国企业贡献的专长和能力对产品开发、商业化来说是必不可少的。在我们研究的新兴科技产业中，外国企业专门找中国合作方来获得这种独一无二的专长。

在这种跨国合作中，谁得到的比较多，并没有一个统一的答案。风险和回报的分配经常是很复杂的，合作双方通常不是上下级关系的时候，情况更为复杂。为了受惠于中国的创新制造能力，外国企业在合作过程中是冒了风险的。互相学习的过程就是知识转移的过程，虽然外国企业通过这个过程获益良多，但是它们也有理由担心，它们是不是在培养新一代的中国竞争对手。通过分享构思和产品设计，外国风能和太阳能企业让自己的产品通过中国的创新制造能力得到商品化，但是它们有理由担心，中国合作方有朝一日可能根本不需要它们，自己就可以把创新和生产整个流程完成。在我们拜访的外国企业中，不止一家企业是只把打印出来的设计蓝图和产品构思带来中国，它们不把电子文档给中国合作方，因为它们害怕这些资料会被非法复制和转发。中国企业和外国企业之间是存在着紧密的合作关系，但是它们并不信任彼此。不过，在我们拜访的很多外国企业中，它们还是认为合作是利大于弊的，因为它们对中国合作方在产品开发和商业化过程中的依赖很深。

中国工业的生态环境在很多个角度看来是非常成功的。它没有像很多观察家预测的那样，落入参与板块化分工的发展中国家通常落入的圈套而不能自拔，这位观察家曾经预言中国可能会永远陷在全球供应链中最低技术、最低价值的那几段。当今，中国工业的生态环境已经成为了创新的核心。结果，它正在不断吸引更高价值的生产活动，前来和它合作的海外商业伙伴地位也越来越高。这些合作伙伴很多都认为，为了保持自己的竞争优势和知识密集型资产，它们必须在中国落脚。

虽然取得了这些成就，中国企业为了在创新制造业上有所建树是花了很大本钱、冒了很大风险的。中国对全球科技商业化做出的贡献，意味着在制造能力上的巨大投资。而且，很多时候，创新并没有给这些制造业企业带来很明显的回报，晶体硅光伏就是其中一个例子；中国企业是否能够从大型制造业中获利，取决于它们是否能够把更高附加值的相关活动吸引到它们的生态环境中。另外，中国企业把很大的赌注下在风能和太阳能这些产业上，而这些产业不管生产厂家把成本降到多低，需求总是要靠政府监管条例对市场的刺激。这些监管机构可以是外国的，太阳能的需求就是一个这样的例子，也可以是中国的，风能等产业的命运就掌握在这些监管机构手里。在很多产业，制造能力的快速扩张会带来产能过剩的风险，很多产业要经过痛苦的规模减缩和整合过程，这就会给投资者和提供补贴的政府带来经济损失。

无论成本和利益是如何分配的，毫无疑问，创新开发、大规模生产的专长和多方向的学习方式已经在当代中国工业生态环境中蓬勃发展起来。

换一个角度来看，中国的领导人一直都在强调经济发展是贯彻始终的首要任务。但是，促进经济发展的政策及其执行方法却没有贯彻始终。很多时候，地方官员在没有上级知情和监督的情况下就干预政策执行。这些即兴发挥的做法被推广并取得成功以后，他们将修改纳入政策，中央政府会正式宣布政策出台，并把政策制度化。在政府制定政策的官员、深受政策影响的企业都习惯了这种高度灵活的即兴发挥。即兴发挥是当今中国的常态。企业家、供应商和制定政策的官员在互动过程中也都是摸着石头过河。在模糊不清的情况下，这样的互动有助于信息流通，大家都做了好几手准备，每一个准备都是可以马上启动的，这也有助于降低风险。在企业层面，这样的政策环境带来了两个后果。一，企业学会了一种极端灵活、高度依赖关系网的行事作风。在不断变化的各种关系网中学习和运作成了一种习惯。二，既然形势如此多变，竞争和合作的界线变得非常模糊，模棱两可才是正常的。本章讨论的产业的竞争是极端激烈的。无数的企业不断涌入，为争夺业务激烈竞争，它们都知道要保证利润必须要有一样专长作为竞争优势，但是无论什么竞争优势都不是持久的，都是转瞬即逝的。在关系网中的企业广泛合作，但是也广泛竞争。它们就这样在创新制造的范围内不断地建立起急就章式的专长。

结论

中国制造业的发展史不仅仅是政策环境的变化过程。中国重点发展制造业积极推动创新制造业发展的时候，一场声势浩大的工业革命正在席卷美国，这场工业革命的速度和规模可以说是人类历史前所未有的。这场革命使得整个社会向市场经济转化了，也使得各个地区之间的工业特点大为不同，它们之间的竞争非常激烈，每个地区的面积和人口都和一个欧洲国家不相上下。虽然我们一直在说中国在创新制造业的专长不是生产要素成本低廉的结果，但是在同一环境里，大规模制造业发展在几十年内提高了几亿人的生活水平，这是不容否认的。在中国，制造业就是发展，创新制造业就是未来发展的关键，制造业对中国比对其他发展中国家都重要，当然也比任何一个发达国家都重要。

但是，无论创新还是传统的制造业都不是中国独占的领域。有各种各样的制造业，不管何种形式的制造业都可以为很多国家创造价值，不管国家大小，发展中国家还是发达国家，正在进行工业化的国家还是后工业化国家，都想发展制造业。随着时间的推移，跨越国境的商业互动就像千丝万缕的纽带把这些经济体交织在一起，国际劳动分工的纹理也变得越来越细。谁在制造什么，谁在赚着什么样的钱，谁在和谁有贸易往来，这些活动的界线也变得越来越模糊。所有这一切意味着，我们在这里讨论的创新和生产制造的密切关系，即这种天涯若比邻的关系，就不仅仅可以发生在中国，也可以发生在世界上任何一个国家，不管是做制造的，还是做上游研发的。

PRODUCTION
IN THE INNOVATION
ECONOMY

6
全球竞争
复杂产品系统的重要性

弗洛里安·梅茨勒　　爱德华·S.斯坦菲尔德

对所有从事复杂产品系统的企业来说，要从国际市场退回本土市场是不可能的。在核能技术产业中，参与竞争的企业，不管是中国的、韩国的、法国的，还是美国的，都没有哪家缩小活动范围，把活动重心转回本国国内，取消跨国合作的，因为这不是企业发展壮大之道。

对美国制造业衰退的忧虑大多数着眼于大批量生产的产品。这种现象是可以理解的，因为这些产品和我们日常生活息息相关，在高科技领域，从笔记本电脑和汽车，到所有半导体产品和智能手机都是大批量生产的产品。虽然产品多种多样，但是它们有一个共同特点，那就是它们的生产流程都高度标准化，产量都很大。本章重点讨论的产品和这些产品大不相同，很多学者把这类产品统称为复杂产品系统（CoPS），大规模的火力发电厂、核电站、高铁车辆、离岸石油、天然气钻探平台和城市地铁系统都属于这类产品。这些产品系统都需要多种技术、多个辅助系统、五花八门的零部件，系统要成功运转，所有这一切必须同步运行。CoPS产品不是大规模生产的，它们都是单个开发、安装、使用的，偶尔也会进行特制的小批量生产。这种批量生产都是为某个政府、机构或者大型工业客户定制的。这些系统都是极端的资本密集型，需要很多设计、工程技术，通常需要几十亿美元的投资，好几年的时间进行开发和建设，需要有很多跨学科的专长才能使它们正常运转。对大多数系统来说，产品生命周期不是以月、年来计算的，通常是以 10 年为单位来衡量的。这些系统一旦建好，运行时间是很长的。因为这些系统承担的任务是非常关键的，大家对它们的稳定性、安全性和是否按时交货要求很高，在衡量项目是否成功的时候，这些要素和成本一样起到决定性的作用，容不得少许差池。

这些产品系统对整个社会影响重大，本章力图找出设计和有效利用这些产品系统所需要的商业能力。什么企业会参与到系统的生产、安装、运作中？这些企业从何处来？这些企业必须具备什么特殊技术和创新能力？企业如何获得设计、有效利用这些复杂产品系统的专属技术？这些技术又是怎样跨过国界，来到另一个国家的？哪些技术更容易跨国转移？这么多不同的商业技术和地理位置的关系如何？也就是说，一个项目最重要的几个参与者从哪个国家来，系统要在哪个国家落户和使用的商业技术有没有关系，如果有关系，关系的本质是什么？

CoPS 使用的都是最先进的科学技术，而且都由政府机构出面采购，它们常常成了政府工业政策的工具。想在科技上迎头赶上的国家，尤其是那些想成为全球技术输出国的国家，通常会利用 CoPS 的采购实力来强迫最先进的供应商进行技术和生产制造知识转移。在很多情况下，采购的条件是生产必须在采购方所在国家进行。所以，当新兴国家大量采购 CoPS 的时候，先进工业国家的老牌供应商就害怕它们居于领导地位的日子屈指可数了，关键知识正在流出门外，创新能力也一定会转移到系统生产和使用的地方。

本章的论点则不同。我们承认下定决心要发展本国相关产业的国家能够通过采购 CoPS 从海外供应商那里获得某些技能，其中以生产制造技能为多，这样的事情也发生过。但是，本章对生产和有效使用这些系统需要的全部技术进行详细描述和分类说明它们之间的不同，这样，我们可以看到很多最关键的能力没有转移到购买和使用 CoPS 的国家。本章指出，采购的国家要通过技术转让协议促使供应商把重量大的大型构件拿到采购国来生产是相对容易的。通过在本国使用多个系统，采购国家通过边做边学的方式，就能够提高本土的基本基建能力。

但是，采购国家很难做到的是系统设计和系统整合能力的转移。我们指出这些知识密集型技术才是 CoPS 创新的核心。这些技术不会在生产制造过程中自然形成，也不一定要靠近生产和使用的地方。全世界掌握了这些设计和整合能力的大企业五个手指头就能数得完，在这里，我们证明通过把低端的设计和零部件生产转移到采购国去，这些大企业的核心能力没有被削弱，反而被加强了。对先进工业国家的老牌供应商来说，把部分技术转让给雄心勃勃的后起之秀是争取订单必须付出的代价。但是，就像我们指出的那样，这也是让它们提高创新能力，保持工业领先地位的方法。

复杂科技和系统整合能力

和大批量生产产品不同，对 CoPS 来说，系统整合能力是关键。这种整合能力不只是把上游研发转化为下游产品那么简单。具备这种整合能力的企业必须能够跨越好几个分支系统进行概念设计，执行设计时，要把整个系统分解开来，把具体的生产、开发任务交给分支系统专家来完成，分支系统建好后，再把整个系统重新组装起来，这一切都要在规定的时间和财政预算范围内完成。这么多任务不可能在一家企业内部完成，这个过程通常是很多个参与企业共同完成，在完成任务的过程中，各家企业会把内部所有资源都动员起来，包括设计师、系统整合团队（这个团队既要负责整个系统又要负责分支系统的整合）、零部件供应商，还有无数的分包商。想要这些复杂产品系统取得商业成功、顺利投入使用，最重要的是要避免不断重复设计、分解、重组、系统失败、再设计这个过程。这种不断重复设计和分解的过程就是成本飙升的元凶，它还让人对整个系统是否能够投入运作产生疑问，国防承包商都遇到过这种问题，最先进的攻击性战斗机和潜艇系统就经常出现这种问题。

CoPS 的系统整合包括很多任务。在概念层面的广博知识要和具体的产品设计相结合，产品设计主要难度在于起核心作用的关键分支系统设计，因为这些设计通常要采用前沿科技。整个系统很可能是由前沿科技和久经考验的现有科技相结合，核心分支系统的设计必须和这样一个整体系统设计架构相吻合。到了分支系统和关键零部件的加工环节，产品设计必须考虑到现有的生产制造专长及供应链管理，让产品得以顺利投产。这种多方面、多层次的互相配合是同时发生的，因为同时参与这种大项目的技术、产业和供应链都非常多。这一切都要通过有效的项目管理来协调，这样才能保证合适的分支系统在既定的时候，按照既定的先后顺序出现，因为有些分支系统要好几年才能生产出来。而且，有时候某个分支系统或零部件遇到了意想不到的困难，出现了延误，由于协调得当，整个工程还能继续进行下去，而不会因此受到耽误。即使整个项目都没有用到前沿技术，所有技术都是成熟技术，要让工程按时在预算范围内完成也是一项无比艰巨的任务。很多时候，工程看起来就是基本的土木工程，但是，对这些项目来说，事情并不像看起来那么简单、那么平常。项目规模如此宏大，基本土木建筑也需要用到很多知识，还有很多时候要摸着石头过河。

复杂产品系统建好以后，我们还需要别的系统整合知识来提供技术支持服务和技术升级，这些服务也是企业利润的重要来源。近年来，像阿尔斯通公司（Alstom）、阿海珐公司（Areva）、西屋公司（Westinghouse）、西门子公司、爱立信公司等产业龙头老大都开展了服务业务，服务成了另一个利润来源，这在产业中形成了一股潮流。其中一个例子是阿尔斯通等轨道车辆设计企业商进入了铁路信号系统服务领域。像西屋等核电站设计企业也把活动范围扩张到燃料循环管理领域，像爱立信那样的移动电话网络和网络器材设计企业也开始为网络运营商提供增值服务。这些变化都需要跨学科、跨行业的知识，既要知道整个系统是如何运作的，又要知道每一个合成部分的科技是如何互动的。

复杂产品系统与国家竞争优势

大规模生产的产品引起大家关注，因为它们是贸易不平衡、制造业职位减少的重要原因，因为以下原因，CoPS 也值得大家关注。

第一，这些复杂系统的市场庞大，商业潜力可观。在 2013 年一年里，只是中国一个国家就有 28 座核电站在建设中，也就是说，全世界正在兴建的核电站有一半是在中国。现在，在中国建一个一般规模（也就是 1 000 兆瓦）的核电站的"过夜成本"，也就是电站成本减去资本成本，大概在 20 亿美元到 30 亿美元之间。在美国，因为土地成本比中国高，资本成本也高，建筑时间更长，受监管的方方面面更多，造价比中国高一倍还多。中国政府的目标是在 2030 年之前，在中国建成 200 个这样的核电站。韩国政府要在韩国和海外建 80 个。有研究者对 2030 年之前新建的核电站总数进行了预测，根据他们的预测，到 21 世纪 20 年代中早期，全球民用核能市场的规模可能在 5 700 亿美元到 1.05 万亿美元之间。图 6-1 粗略描述了正在兴建核电站的地理分布。

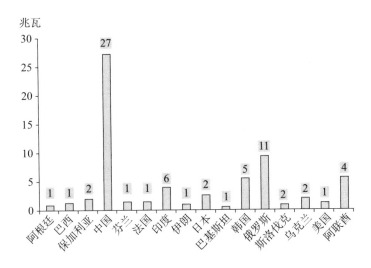

图 6-1 全球正在兴建的核电站数目和规模

资料来源：国际能源总署原子动力反应堆数据库和各国提交的资料，2011 年。

其他 CoPS 领域的商业机会也同样巨大。中国政府在 21 世纪初期开始建设高铁，不到十年时间，建成了全世界最大的高铁铁路网络，当时的中国铁道部和很多产业的龙头老大签订了合约，这些企业有日本的、欧洲的和加拿大的，其中有川崎重工（Kawasaki Heavy Industries）、西门子、阿尔斯通和庞巴迪公司（Bombardier）。2004 年和川崎重工公司签订的技术转让合约一单就有 7.6 亿美元。这些交易对哪家企业、哪个国家来说都是大买卖。像美国这样的发达工业国家谢绝参与到这些产业来，真是让人难以置信。

第二，开发和完成 CoPS 的能力对每个国家都具有战略意义。这些系统所在的产业本身就具有战略重要性：能源、航空和航天及运输产业。把系统建好所需的整合能力很明显也可以在高科技国防系统中派上用场。一个国家是否具备开发 CoPS 的能力对国际安全也有很大影响。

第三，今天，CoPS 的最大买家是中国、巴西、印度等发展中国家。有些人认为这些国家将来会是美国的竞争对手，这些发展中国家一定不愿意长期依赖海外供应商，它们因此都有把技术本土化的雄心壮志，而且它们还有成为全球供应商的野心。它们现在正利用国内巨大的市场来对领先企业施加压力，要它们把核心技术转移给本土企业。对要出售复杂产品系统的领先企业来说，要拿到大单子，必须答应技术转让，这已经成了标准动作。如果你想看当今世界上最先进的发电系统、城市轨道交通系统、高铁网络，你不要去西欧、北美和日本，你要去的地方是中国。说到复杂产品系统和中国，弗农的传统的产品生命周期已经完全被颠覆了。在中国的带领下，几个正在快速工业化的国家不但变成了最大的 CoPS 市场，也变成了在科技上最领先的市场。而且，一直以来它们都胸怀着发展本国工业能力的野心。

我们都知道，发展中国家供应商的崛起给发达的工业国家带来了忧虑，它们担心西方企业把具有战略意义的敏感技术交给别的国家，是在创造新的竞争对手，会牺牲国家的长远利益。在 2010 年，《金融时报》报道了一个坏消息，总部设在美国的西屋公司在中国通过竞标成功取得了 4 座核电站的设计，但是，与此同时，该公司把 7.5 万份文件交给了中国国家核电技术公司。7.5 万份文件就好像一个象征，象征着中国科技能力的崛起和西方的没落，不断出现在媒体报道中。在 2011 年，参议员詹姆斯·韦伯（James Wober）想通过立法来阻止美国核能企业"把科学技术拱手送给中国"，声称这样做会"威胁到美国经济竞争优势"。

本章就分析一下这些忧虑是否合理。要成为 CoPS 领域中一个重要的参与者，都需要具备什么能力？这些能力和地理位置的关系如何？有多少系统整合能力转移到购买复杂科技系统的国家去了？政府能够使用采购规模来迫使企业进行技术转让，转让之后又能够在国内的商业生态系统中催化创新能力的发展吗？发达国家要对这种情况进行回应吗，又应该如何回应？最后，在出现全球化之前，大家就担心技术转让会形成新的竞争对手，对和 CoPS 相关的产业，比如说能源、运输和航空航天产业的忧虑更大。这一切因为全球化改变了吗？如何改变的？

本章通过对一个国家、一个产业的深入研究来探讨这些问题：中国的民用核电产业。选择中国作为重点研究对象是很恰当的，因为中国现在是全世界最大的民用核能技术市场，中国也决心要在本土发展这个产业。核电站都具有 CoPS 的典型特征：购买时都说单个购买，如果批量购买，量也很小，它们是极端科技、资本密集型，把新旧技术以非常复杂的方式组合在一起，它们的产品周期都很长。而且，现在的民用核能产业和很多高科技产业一样，都面临着外包、离岸外包等现实。

三里岛核泄漏事件后，美国市场完全崩溃了，而韩国、中国和印度等新市场正在蓬勃发展，它们还要求技术转让，这一切让人一看就认为美国的民用核电产业正在走向衰落。而且，现在天然气在美国很便宜，"页岩天然气革命"进一步削弱了美国对核能的需求。一个要生产关系到核电站安全的仪器必须获得美国机械工程师学会认证，得到认证的企业数量在 20 世纪 80 年代是 440 家，到了 2008 年就只有 255 家了。我们将在本章探讨到底是什么原因导致产业下滑得如此严重，产业不振对美国的国家创新能力有什么影响。

2006 年到 2007 年，麻省理工学院的工业性能中心开展了一个全球能源创新研究项目，我们在本章余下的篇幅介绍的研究结果源自这个项目。当时，我们对中国民用核能界的政府监管机构、工程学专家以及学术研究人员进行了采访。2010 年到 2011 年间，我们参与了麻省理工学院的另一个项目：创新经济中的制造业。在这个项目中，我们直接把重点放在企业身上，对 40 家民用核能企业进行了超过 50 次深入采访，这些企业覆盖了整个核能参与供应链。采访对象有中国、美国、德国、日本、奥地利和法国的企业，其中包括这个行业中最重要的跨国企业。研究对象包括反应堆供应商、核电站建筑师、EPC 服务提供者、项目管理专家、核电站建造企业、设备生产商、燃料循环管理企业、检验服务提供商等。我们的研究对象能够提供最先进的核电站所需的一切。

核能产业的技术转让和本土化

面对中国政府发展本国核能产业的决心，美国政府和很多美国企业都表示不满。通用电气公司的总裁杰弗里·伊梅尔特（Jeffery Immelt）大力支持美国重振制造业，他在 2010 年就公开指责中国推行保护主义，从西方盗窃科技。美国商业部多次投诉中国政府对太阳能光伏产业进行了不适当的补贴，在 2012 年，它终于对中国这个产业的产品实行了反倾销制裁。

本章不打算对这些投诉进行全面评估。但是，我们必须认识到，在复杂产品系统领域，采购国政府一直都要求技术本土化，游戏规则一向如此。其实，几十年以来，科技供应商在向政府客户做市场宣传时，都以技术转让为中心。

这种承诺在核能产业非常普遍，这是毫无疑问的。艾森豪威尔政府在 1953 年推出了和平利用原子能计划，从那以后，以西屋、通用电气和内燃机工程为首的美国企业就在比利时、法国、德国、印度、伊朗、日本、墨西哥、巴基斯坦、斯洛文尼亚、南非、韩国、西班牙、瑞典、瑞士和中国台湾兴建了核电站，也向这些国家及地区进行了技术转移。这些国家和地区都是美国企业的客户，其中法国、德国、日本和韩国发展成为在国际上很具竞争力的科技供应商，现在在很积极地争夺市场份额，同时也向它们的客户进行技术转让。

德国反应堆供应商西门子 / 联合电力公司（KWU）在 20 世纪 80 年代就公开宣扬"我们能够进行全面技术转让，还可以根据技术接受国的具体要求和现有能力进行因地制宜的制造科技转让"。在同一时期，通用电气公司也对它过去几十年在世界各地取得的成就大加庆祝，20 世纪 60 年代以来，在日本和德国合作方的协助下，它在全球很多地方建立了核能工程能力。20 世纪 70 年代，美日签订了技术合作协议，在协议指导下，它们共同开发了先进的沸水反应堆。曾经的技术转让接受国摇身一变，成为全球领先的技术出售国，到处推广自己的技术，这在国际市场上也是常有的事情。以法国核能企业法马通（Framatome）为例，20 世纪 70 年代，西屋公司在核能设备生产制造方面对它给予了大量指导。几年后，法马通公司却成了西屋公司的合作方，向英国供应反应堆压力容器，同时也向英国进行该产品的技术转让。

近年来，技术转让最有趣的事情不是发生在中国，而是韩国。韩国前 3 个核能反应堆都是向美国和加拿大定制的总承包项目，这 3 个反应堆在 1978 年到 1983 年间陆续投产。很少的韩国企业参与了这几个核电站项目，参与的少数几个韩国企业承担的也是常规建筑任务，只有不涉及核电站安全的建筑才让韩国企业完成。1985 年到 1989 年间，美国和法国的公司又帮韩国建了 6 座核电站，但是，在这些项目中，韩国的核能企业的参与度越来越高，西方供应商要提供的培训也越来越多。法国经济部长布鲁诺·勒梅尔（Burno Le Maire）在 1985 年发现，这 6 个项目刚开始动工时，法国核能企业阿尔斯通公司交给韩国合作方 7.5 万幅图纸、差不多 10 万份技术备忘录，这些数字和 20 年后西屋公司给中国转让的不相上下。到了 20 世纪 90 年代中期，韩国核电站的兴建都是由本国企业领头，韩国企业再聘请美国企业来做分包商。

韩国第一座核电站在 1980 年破土动工，从那以后韩国采购了 23 座核电站，政府不断向国外企业施压，要求技术转让，现在，韩国的核能产业已经发展成熟。韩国已经成为继美国、法国、俄罗斯之后的第四大核能反应堆供应国。2011 年，韩国电力公司在竞标中打败了法国、日本、美国的竞争对手，赢得了第一张国际订单——一份价值 200 亿美元的合同，为阿拉伯联合酋长国建设 4 个核反应堆。在赢得大订单前几年，韩国的能源设备制造商斗山集团就已经在国际市场上大展身手，从西屋公司那里拿到了替换美国核电站蒸汽发生器的订单。在 2007 年，西屋公司参与了在中国建设 4 座 AP1000 反应堆的竞标，斗山集团也是西屋公司投标的一部分，它承担的责任是给中国的第一重工公司提供生产技术转让。韩国企业作为核能产业的后起之秀，已经在培养下一代竞争对手了。

这就是 CoPS 项目国际竞标的游戏规则。现在的做法和过去是一样的，在竞争新的反应堆项目时，核能反应堆供应商提供全套技术转让，对有志兴建多个核电站的国家以及有志发展本土核能产业的国家更要如此。在做销售宣传时，反应堆供应商会孜孜不倦地展示他们技术转让的过往记录，对接受了技术转让建立起来的核电站一个个如数家珍。2012 年，法国的阿海珐集团销售册子里宣称"早在技术本土化还没有在商界形成潮流之前，阿海珐就已经投身到技术本土化的实践中了"。西屋公司的副总裁蒂姆·科利尔（Tim Collier）的言论也如出一辙："西屋公司在技术转让和本土化方面的纪录无与伦比，我们和法国、日本、韩国以及其他接纳核能的国家建立的深远关系就是明证。"

我们下一节的论点是，核能界的老牌企业在培养新的国际竞争对手时，并没有葬送自己的前途。技术转让也不是单方面、单方向的。开发、使用核电站所需的系统整合技能是非常复杂的，需要考虑方方面面，一个核能企业很难将所有技能都掌握在自己手里。新旧企业都面临着同样的问题：这种整合能力飘忽不定，来去无踪，在这个项目行得通的技术，到下一个项目则未必。在很多情况下，技术转让为转让双方都提供了技术升级的计划，转让方得到的收获和接收方一样多。

核能供应链价值的多向性

通过仔细分析一个核电站的成本是如何分配的，我们就可以大致了解参与核电站建设的企业范围有多广，都具备什么能力，提供什么服务。我们还可以大致了解到创新企业、系统整合企业和制造业企业之间的关系有多复杂和脆弱。

一个核电站的总成本中，大概 25% 用于支付间接服务。这些服务包括工程和设计、项目管理、建筑和试运行。50% 用于直接开支，这就包括反应堆设备购置、涡轮发电机站设备购置、其他设备购置（管道装置，和电站安全运行没有直接关系的设备）。间接服务和直接成本占了一个核电站"过夜成本"的大头。另外 25% 是融资成本。图 6-2 列出了和这些开支有关的企业以及它们需要完成的任务。

设计和有关的工程服务

一个核电站的设计无疑是非常高端的工作，但是这里有两种不同的设计，一个是概念设计，一个是具体设计。概念设计是根据物理原理来决定反应堆的核心布局，还要决定使用何种燃料及冷却剂材料，要用到的建筑材料那么多，要考虑应该用哪种，分支系统如何设计、电子的建筑结构要如何安排等问题。这些概念设计会要做很多图表、图纸、电脑模型，在这个过程中要做很多计算和说明，这一切需要多个学科的知识，还要对这方面最新的学术研究有深入的了解，企业内部研发和从以前项目中积累下来的经验都要调动起来。只有少数几个跨国企业具备概念设计及其创新能力，它们都是核能产业的龙头老大，包括西屋公司、阿海珐公司和通用电气公司。这些企业就是图 6-2 中的核电站设计方。

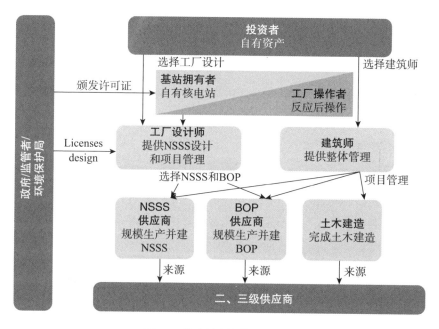

图 6-2　核电站项目的组织架构

注：NSSS= 核蒸汽供应系统；BOP= 余下的供应商。

但是，建筑工程师和建筑工人拿着概念设计图是无法在建筑工地开始建设的，因为这些图纸没有给予他们具体的指引。这些抽象的概念必须分拆成一个个小项目，对每个项目要完成的任务进行详细的描述，负责项目的人可以根据描述进行采购，安排进程；必须写明需要什么设备和材料，画出来的图纸必须给出每个零部件的准确尺寸和位置。这就是具体设计的内容。西屋公司在中国建设的反应堆，具体设计是由上海核工程研究和设计学院来负责，阿海珐公司在中国的合作伙伴是中国核能技术研究学院。虽然反应堆供应商（也是概念设计者）自己也有进行具体设计的能力，但是他们通常把这部分工作外包出去，因为这是技术转让的一部分。我们现在还不清楚具体设计能力是否能够向上游发展，并转化成概念设计能力，这也是反应堆供应商都愿意把这些任务交出来的原因。韩国电力公司虽然在 2009 年拿到了阿拉伯联合酋长国建设 4 个反应堆的订单，它还要西屋公司为它的概念设计提供知识产权和工程服务，西屋公司提供的服务拿到了 13 亿美元，订单总额为 200 亿美元。

项目管理

要把概念设计和具体设计变成按照时间先后编排好的施工项目，项目管理能力必不可少，项目管理人员要采购零部件、负责整个建设过程。项目管理团队的工程师都经验丰富，他们要在空间、劳动力、监管条例和主要设备到货时间等条件制约下，安排好各种建筑任务的先后顺序。项目管理的核心部分是质量管理，工程的每一个步骤都要监督到位，从供应商的筛选，到工人培训，再到阶段性检验都要管理好。在 CoPS 项目中，质量、稳定性和安全是重中之重，核电站更是如此，购买这些系统的政府虽然要技术转让和本土化，但是还是要让经验更加丰富的外国企业来进行项目管理。

如图 6-2 所示，项目管理功能通常由好几个参与者共同承担，反应堆设计者一定要参与其中，还必须要有一所专门做核电站设计的架构设计工程企业。反应堆供应商应该是核能产业的带头人了，但是它们也没有掌握项目管理的全部资源，这就说明了建设一个核电站涉及的范围有多广。反应堆供应商没有在项目管理方面一统天下，并不是说它们就失败了，这只是再次说明了整个项目牵涉到的方方面面有多复杂，它们之间的互动和发展都不是直线型的。具体设计能力不会自然而然地发展成概念设计能力，项目管理技术也不会自然发展成技术创新能力。概念设计、具体设计、项目管理都各有所专，都具有很高的价值，都有自己的专属知识。没有一家企业能够集三种专长于一身，但是这三者都是成功开发、使用这套科技系统必不可少的。

举个例子，阿海珐公司现在要在中国建一个反应堆，项目管理功能由阿海珐公司、法国公共事业公司 EDF 和中国核能电力公司共同分担。法国 EDF 那样的公共事业企业对核电站的运作有着丰富的经验，因为它在国内运营核电站的时间已经很长了。公共事业企业在这方面积累下来的经验可以转化成项目管理专长，在海外项目中，这种专长就成了利润丰厚的服务项目。韩国电力公司也是一个很好的例子。将西屋公司在中国的工程，项目管理主要集中在西屋公司、肖工程公司（Shaw）和中国的国家核能工程有限公司（SNPEC）。在这里，反应堆供应商挑了肖工程公司和柏克德公司（Bechtel）这种不是专攻一个产业的跨产业建筑工程公司来合作。

中国政府在每一个核电站建设项目中都把一个不同的国有工程企业和一个海外项目经理拼在一起，就是希望能够把整套项目管理技能都吸收了，这是谁都想得到的。但是，根据以往经验，要把这些技能全部掌握了并不容易，整个学习过程也不会顺利。法国和韩国企业成功进入了这个领域。但是，最有经验的法国企业也在项目管理上遇到过麻烦，当它们抛开经过实践证明的方法即兴发挥的时候，还有当他们抛开长期合作伙伴建立新的合作关系时，遇到的麻烦就更大了。无论项目是在法国国内还是在海外，阿海珐公司在项目管理方面一向都是和 EDF 合作。但是，它现在正在芬兰奥尔基洛托兴建一个反应堆，它决定独自完成这个项目的项目管理。核电站的建筑规模庞大，分包商就有 1 900个，这个项目现在远远落后于原定计划，大大地超出了预算。核电站原定于2009 年投产，但是，直到 2013 年初，核电站的建设还没有完成。核电站预算的成本是 37 亿欧元，但是，到 2010 年，成本已经超过预算 27 亿欧元了。

时间和成本都大大超出预算的原因有很多，但是有些分析员认为归根到底是阿海珐公司在处理复杂建筑工程方面的经验不足。我们不是要一味指责阿海珐公司，而是要说明项目管理难度之大，核能产业中最厉害的龙头老大也会被它难倒。这至少说明了，一家企业能够设计出一个复杂系统，并不意味着这家企业就一定能够有能力全面管理这个系统的建设和安装。

建筑

虽然项目管理主要由国际大企业负责，但核电站的建筑工作都是由项目所在地的地方企业来完成，它们负责把钢筋混凝土的建筑物竖起来，把金属结构焊接起来，把设备安装好。在图 6-2 中，这些企业属于土木建筑商。核电站的土木工程和其他大型建筑工程没有什么两样。但是，和所有大型基础设施建筑项目一样，核电站的建筑工程非常复杂，是对承建企业管理水平的一大考验。承建企业要对核电站的兴建地非常了解，要了解它的环境、气象情况，知道这里是否是地震活跃地带，如果是的话，活跃情况如何，掌握了这些知识后，再因地制宜地设计建筑方案。这些当地情况决定了整个建筑过程应该如何进行，从建材的选择到使用哪一种建筑方法，都取决于这些当地条件。建筑企业参加过很多类似建筑项目，积累了经验，就能够熟能生巧地开发出加快建筑过程、降低成本的方法来。这些方法就是它们在全球市场上竞争的利器，它们知道哪些地方一定要根据当地条件来决定，哪些地方可以标准化。

近些年来，大型基建项目在中国到处开花，中国经历了人类历史上最大规模的基建潮，中国的建筑企业也从中得到了前所未有的历练，它们建设了超越美国的高铁网络、公路网络、无数个城市的地铁工程、几百个大型电站、多个大型机场。值得注意的是，好几个中国建筑企业现在把自己的专长带到了国外，到国外去承建建筑项目，它们承建的项目既有发展中国家的，也有发达国家的。几个中国国有建筑企业最近就参与了加利福尼亚州和纽约州的大桥建设。这样看来，复杂系统的设计和项目管理技能不一定迁移到购买这些系统的国家，但建筑技术通常是会搬家的。在那些不再进行大规模基础设施建设、维修的国家，这些建筑技术也会因此退化。

设备制造和采购

设计、项目管理和建筑大概占一个核电站成本的25%。但是，设备占用的成本是这些开支的两倍之多。这些设备包罗万象，有像小阀门那样的现货供应标准件，也有专门锻造的大部件，有常规的普通水泥，也有只为这个项目制造的合金。有些设备只在核能产业内使用，有些是多用途的。在图6-2中，电站设备供应商分成两类，一类是由NSSS管理的，另一类是由BOP系统管理的。为了让大家更好地理解各个供应商具备的技能，我们把设备进行更精确的分类，把它们分成基本商品材料、关键设备和非关键设备。

在核电站建设中用得最多的基本材料是钢筋水泥。在大多数情况下，核电项目对这些基本材料并没有特别要求，为项目提供这些材料的供应商同时也向其他产业提供这些材料。要建一个1 000兆瓦的核电站需要的钢筋水泥数量之大，难以想象，据估计，1兆瓦大概需要200立方米水泥、40吨钢筋。但是，这些基本材料所需成本加起来只占电站设备成本的4%。

关键性设备是核能产业专用的，也贵很多。这类产品在核电站的运作中起着关键性的作用。一件设备，或者是一件设备的主要零件都要超过1 000万美元。蒸汽发生器、反应堆压力罩、反应堆安全壳、稳压器、控制棒驱动器、反应堆冷却泵、涡轮和发电机都是这样的设备。如表6-1所示，很多跨国企业都活跃在这个领域。反应堆供应商给客户许诺的技术本土化，很多时候都是由这些企业来实施的。也就是说，各国政府在购买核电站时要求技术转让，它们通常要的是关键设备的设计、生产技术。这些设备在一个核电站的造价中占了20%左右。

表 6-1　　　　　　　　　　　　核工业的跨国企业

种类	国际企业	中国企业
设备服务和设计	阿海珐、西屋	中国核能电力公司、清华大学
项目管理	EDF、西屋、肖工程公司	中广核工程公司、中国核工业建设集团
建造	法国布依格	中国核工业建设集团
关键设备	阿尔斯通、柯蒂斯 - 莱特、斗山集团、西门子	哈尔滨电力公司、上海电力公司
非关键设备	爱默生、福斯泵公司、卡勒克公司	渤海船业、鞍钢集团、ZDT 公司、四川明军电缆公司

　　一个核电站的大多数供应商既不生产基本材料也不生产关键设备。它们生产的是这两类产品以外的所有东西，所有的管道、阀门、泵、密封圈、箱、容器、感应器、发动机等，没有这些设备一座核电站也建不起来。这些非关键设备真是五花八门，它们很多都在其他产业广泛使用。所以，提供这些设备的供应商很多不是核能产业的。但是，这些设备种类之多，让我们再次看到这些供应商覆盖的产业有多广，要把核电站成功地建设起来，就必须把它们的积极性调动起来。

　　第一，负责调动这些供应商的是项目管理人，这些项目管理人在这里必须考虑到以下几点。他们必须考虑到那些和他们建立了长期合作关系的关键设备供应商。就拿西屋公司来说吧，它和反应堆冷却泵生产商柯蒂斯·莱特公司（Curtiss Wright）有着紧密的合作关系，该企业的反应堆冷却泵部门曾经是西屋的。西屋公司并没有和柯蒂斯·莱特公司签有正式的契约，一定要从它那里买冷却泵，但是柯蒂斯·莱特公司和西屋公司的关系可谓亲密无间，它甚至参与到反应堆的设计过程中去[1]。另一种情况是关键设备供应商提供资金、人才和测试设施给反应堆供应商，为推出新的反应堆设计做了贡献，作为回报，反应堆供应商会和关键设备供应商签订独家供应协议，或者是反应堆供应商在设计反应堆时会根据这个关键设备供应商提供的零件进行专门设计[2]。另一种情况也很常见，在对海外项目竞标时，像西屋公司、阿海珐公司这样的反应堆供应商会直接把关键设备供应商纳入它们的竞标计划里。

第二，在进行项目管理时，反应堆供应商和建筑工程企业要考虑到它们向核电站购买政府承诺的技术转让。因为它们答应转让的技术大多是关键设备的生产制造技术，因此，它们和关键设备供应商建立的长期合作关系就特别重要了。也就是说，要竞标成功，它们必须说服关键设备供应商把自己的技术部分转让给核电站所在国的制造商。西屋公司为了赢得中国的 AP1000 反应堆项目的竞标也做了技术转让承诺，韩国斗山集团在帮它履行这个承诺，向中国第一重工公司转让反应堆压力罩的锻造工艺。这样，通过西屋公司的技术转让协议，中国第一重工公司就成了斗山供应链的一部分。这种安排对反应堆供应商来说是很复杂的，因为它对关键设备供应商做了承诺，对购买反应堆的政府也做了技术转让的承诺，要在两者之间取得平衡不是一件容易的事情。

第三，项目管理人还要考虑到关键设备供应商和非关键设备供应商也有自己的国际化战略。大型复杂的设备，不管是关键的还是非关键的，都有自己的项目管理和采购问题，供应这些设备的厂商也在不断解决问题的过程中。核能设备供应商和其他制造业企业一样，为了利用世界各地特有的专长，它们把企业运营分散到世界各地。一个能源设备供应商的总部在美国，但是却在全球范围内进行劳动分工[3]，它的一名高级管理人员对这种情况进行了很好的描述，他说公司在欧洲有一个"创新中心"，中心里的技术人员都是行业领军人物，年龄也偏大，都头发灰白了；做具体工程和设计的团队在上海，实际生产制造在广东。在上海的具体工程设计团队有 200 名中国员工，其中 100 人是工程师。现在，即使公司的项目在美国，概念设计也是由欧洲的团队负责，具体工程设计由上海的团队来做，设备生产制造在广东完成。原来在美国做具体工程、设计的办公室就没有用了。

这家企业和我们拜访的很多企业一样，对它们来说，中国的吸引力不仅仅是低廉的劳动力。吸引它们的是中国的一些区域性生态环境，在那里低技术、低成本的劳动力和世界一流的高端工程人才并存。这家企业在上海负责设计的办公室里，所有员工都大学毕业，而且大多数还有硕士学位。接受我们采访的人高度赞扬了中国的产品开发工程师，说他们年轻又有效率，并指出"他们的技术基础很扎实，设计能力出众"。他还说复旦、清华等中国一流大学出来的毕业生比西方大学的毕业生还训练有素。

虽然外包和离岸外包在某些情况下是合情合理的选择，但是核电站建设的项目管理方对设备供应商的这种做法是很担心的，如果设备供应商不是项目管理方长期的合作伙伴，大家还没有建立起互相信任的关系的话，情况更是堪忧。[4]中国的核电站都是国有的，即使如此，要它们从国内制造商那里购买设备，这些核电站还是不愿意这么做，因为它们害怕这些供应商会不加选择地把零部件生产外包给低成本、低质量的二手供应商，还害怕它们高估自己的生产制造能力，生产出不合格的零部件。[5]中方项目管理人担心质量不过关的材料和设备会混到核电站来。他们还担心供应商提供的产品和设计规定的标准不符，延期交货也会延误工程进展。因为以上原因，他们经常决定从久经考验、作风透明的外资公司那里采购。这些外资公司有些只在本国运营，有些已经在中国有生产基地，因为它们想要结合东西方优势，提供高质量、低价格的产品。这些外资企业设立运营基地的原因也是多种多样的，有些是因为中国政府对某些技术的采购要求这种技术必须在中国有运营中心，有些是想利用中国生产制造生态环境中特有的设计和制造能力，有些是想要靠近它们的客户。不管因为什么原因在中国设点，在核能产业中，作为过往记录良好的外资供应商，它们对本土新进企业的竞争优势是很明显的。

如上所述，保证质量是一个复杂产品系统进行采购时考虑的首要条件，在核能产业和航空、航天等其他 CoPS 产业一样都是安全第一。但是，民用核能产业的质量控制有其不同特点，我们必须对此加以重视。

核电站设备必须和核电站所在国的国家质量监管条例相符，不同国家的核能监管机构和检验机构对设备制造过程有不同要求，重点要求的地方也不同。这样，不同的国家标准应运而生。就拿美国来说吧，核电站设备生产厂商必须遵守美国机械工程师协会（ASME）设定的标准。法国又有自己的标准设定机构。各国的标准差异可不只是监管机构的名字不同那么简单。比如说，美国标准重点在对产品生产过程的监控，德国标准强调的是对制成品的测试。[6]

当核电站由美国或者法国公司设计，却在第三国兴建时，国际惯例是核反应堆供应商按照自己国家的标准来设计。中国等国家的法律规定必须这样。这样，中国就把核能设备的质量标准外包给外国了，但是这些国家必须在这个产业中历史悠久、根基稳固、卓有建树。但是，这种做法也有问题，因为现在中国的海外供应商不止一家。因此，中国的核电站有法国设计的、俄罗斯设计的，还有美国设计的，它们的标准都不同。

这对设备供应商来说是个问题。很多供应商只有一个国家的合规认证，因为要得到并保持这个认证地位要花很多金钱和时间。[7]这样说来，一个法国阀门生产商因为只有法国 RCC-M 的认证，就不能把自己生产的阀门卖给一个美国设计的核电站，因为这个核电站要美国的 ASME 认证。

对项目管理人来说，要平衡长期供应商关系和技术转让协议已经够复杂的了，现在还要考虑这些监管合规问题，要从哪个供应商那里采购的决定就更难做了。决策过程如此复杂，这也是全世界只有少数几家企业能够承担核能产业项目管理重任的原因，也说明了为什么它们的地位一旦确立就很难被取代。

除了要考虑监管合规，核能产业安全性、稳定性和能否准时发货都是重要考虑因素，在做采购决定时，这些因素往往压倒成本，是决定订单花落谁家的主要考量。现代核电站设计的寿命是 60 年，关键设备的保质期也是这么长。[8]
一个关键设备供应商的竞争优势就在于它的产品是否能够经得起全面、透明的
测试。[9]按时出货和当初议定的价格一样重要。因为核电站建设的前期投资巨大，
核电站设备迟迟不到会带来严重的经济后果。[10]核电站建筑工程先后顺序安排
错综复杂，设备延期到货就会打乱顺序安排。因为质量和准时如此关键，要采
购部门用一个造价低廉但是以前没有打过交道的供应商来取代一个长期合作、
值得信任的供应商，是一件很难办到的事情，它们一定会三思而行。当然，三
思而行时，它们也要考虑换供应商是否是技术转让承诺的一部分，价格也会有
一定的影响。

虽然对质量的关注鼓励产业的参与者建立长期合作关系，但是，20 世纪 80
年代以来，发达工业国家新建核电站的数量很少，老牌供应商的数量一直在下
降。以美国为例，在 1980 年获得 ASME 认证的企业数量是 440 家，到了 2008
年，这个数字是 255 家。但是，21 世纪初期，因为中国、印度等新兴工业化国
家需求旺盛，核能技术市场复苏了。在这种情况下，多个来自发达国家的企业
对这个产业重新关注起来，这些活跃在别的产业的企业也想在核能产业分一杯
羹，前些年放弃了这个产业的企业也想重新归队。购买了核电技术的国家也有
刚刚进入这个产业的竞争对手。面对这种新环境，设备生产商必须权衡利害，
决定是和产业中所剩不多的老牌供应商同进退，还是扶持新的供应商成长。

要让核电站正常运作，必须对很多零件进行定期检查和替换。这些大多是
非关键零件，包括和核电站安全没有直接关系的泵和阀门，不锈钢管道和基本
的仪器仪表。非关键零部件相对便宜，也没有专门针对它们的监管条例要求对
它们的检查、替换都记录下来，它们毕竟不是和反应堆的蒸汽供应系统相关的
零部件。因此，有些行业专家说零部件供应商应该就在核电站附近。[11]供应商
和核电站同处一地，就会带动核能技术工业集群地的发展，中国的海盐核电产
业园和荣成核电工业园就是很好的例子。一名核能专家是这样描述海盐的：

　　"海盐"是一家超市。它靠近秦山核电站，这么多企业汇聚在这里，就像给中国核能电力公司开了一家超市。你来这里落户了，我才来你这里采购。核电站都想和本地制造业企业打交道，这样供货才稳定。[12]

　　中外资的非关键设备供应商都想利用中国的集群地带来的效应。

　　中国的集群地以买方为中心，其他集群地是以供应商为中心的。一个典型的例子是，一个在广东生产金属机械的欧洲泵制造商。这家企业的中国分公司是一个外资独资子公司，在 2011 年共有员工 1 300 人。这家企业在中国每年增加 200 名员工。[13] 现在，该企业生产的泵用于多个产业，其中包括核能产业。这家企业的做法和同类企业相似，把产品设计从欧洲各个分公司拿到中国来，由中国的工程队对产品进行重新设计，使它们适应本地情况，并缩短生产时间，降低成本。中国分公司的总裁告诉我们说，中国分公司所处的地点给它们带来了很大的竞争优势，它们面对的是一个复杂的生产环境，经常要做零部件是内部生产还是从外部采购的决定，广东分公司在这方面的知识也是一个竞争优势。一般来说，组成产品的零部件中，70% 是从外部采购来的。从这个角度来看，位于广东很重要，因为这里的潜在供应商成群结队地密集地分布在这个地区。在这个环境里，这个分公司的核心竞争力就是优化采购还是制造的决策，把本地供应链组织起来，大大降低一部分零件的成本，同时保证另一些零件的质量和稳定性。在中国的工程设计团队的主要任务是要搞清楚欧洲设计的零部件中，哪些是可以用低成本的替代品替代，哪些不能。遇到质量和出货时间很重要的情况时，这家企业也可以把原先外包的零件拿回来自己生产。这家企业的装泵的钢壳原来都是外包出去的，但是钢壳一而再，再而三地出现问题，最后这家企业决定建立自己的锻造设施自己生产钢壳。这个锻造设施是和另一家欧洲企业共同兴建的，就在它们的广东生产基地隔壁。

　　中国国内生产非关键设备的企业也积极行动，争取利用国内的集群地效应。

这里用来举例说明的例子位于沿海的江苏省，这是一家生产管道的私营企业。[14]

PRODUCTION 制造业案例
IN THE INNOVATION ECONOMY

江苏省某企业

这家企业是中国这类管道厂商的佼佼者，它生产的管道既达到了欧洲核能产业的监管要求，又达到了美国这方面的要求，可以用在两个国家的反应堆供应商设计的核电站中。在中国，它是头一家取得这样成就的。这家企业在 2011 年打入了美国和欧洲市场，为它们的核能、化工、石油天然气、造船、造纸、医药、食品加工、航空航天、国防产业提供产品，这些产业在中国也在蓬勃发展中。2005 年后，当时中国生产的管道质量都很差，这家企业开始升级换代，它并购了一家意大利的机械公司，还从德国机床企业购买了几条生产线。最近，这家企业决定把重点放到核能产业上来，一方面是因为它离不断扩大的核能需求很近，另一方面是中国政府很愿意支持核能供应链的发展。这家企业在 2011 年被指定为中央政府投资计划的重点产业工程，因此而来的政府投资让它把车间面积扩大了 3 倍，从国外引进了 20 条新生产线。因为国内核能需求前景光明，这家企业能够把目光放远，投资时不急功近利，在政府的大力支持下，从本地的冶金设计学院招聘到高端的设计人才。中国的石化产业和天然气产业也在飞速发展，这家企业曾经为这些产业提供产品，积累了丰富的经验，这些经验现在也有助于它在核能产业的发展。

中国国内核能技术市场如日方升，让另外一家中国企业也进行了升级换代，这是一家生产石墨密封件的企业。[15] 发电站的很多地方都需要石墨密封件，要用它来防止泵、阀门、压力罩和管道之间的接口等地方的渗漏。大概在 2010 年，中国核电站的密封件市场还是法国和美国企业的天下。中国企业只能为传统产业生产密封件，因为这些产业对质量的要求低一些。接受我们采访的行业专家告诉我们，2008 年后，中国企业赢了所有核电站密封件的竞标。这家中国企业告诉我们，它们为核能产业生产的密封件价格只有外国企业的 1/3。[16] 成本节约了这么多，主要是因为这些企业从国内供应商那里采购石墨，没有从海外供应商那里拿货。实际生产过程和外国制造业企业并无两样，全靠从国外进口的自动化设备来完成。这家企业的工程师告诉我们，什么都标准化了，不需要什么隐形知识。在某些方面，这家企业的发展模式和太阳能光伏产业的相似。企业从海外购置的生产线都是高度自动化的，非常昂贵，有了这些生产线，它们就打入核能产业了。它们都想靠规模取胜，苦苦经营供应链来降低成本，不断挤压原材料供应商。这种生意不好做，边际利润也很薄，但是它们还是毫不犹豫地做出这么大的投资，加入了这个战团。长远来看，这些企业能否找到持久的竞争优势，现在还不好说，但是，现在中国的民用核能产业和其他 CoPS 产业的需求如此旺盛，它们这样大举扩张似乎也是合情合理的。

以上例子说明，企业要在核能产业找到可持续竞争优势的方法多种多样。如表 6-2，中国有那么多新核电站在兴建，参与其中的国内外企业多如繁星。有些海外企业在中国有运营基地，有些则没有。这些数字只是对参与企业的一个小规模抽样，实际数字要大得多。阿海珐公司正在芬兰兴建的核电站有超过 1 900 个供应商和分包商参与其中。

民用核能产业和其他复杂产品系统产业一样，取得商业竞争优势的方法多种多样，上游设计、项目管理、大型设备生产、基本原材料生产、基本土木工程建筑都是企业的竞技场，可谓条条大路通罗马。所以在这个产业，企业不是因为具备了创新能力就有竞争优势了，也不是有了制造能力就有竞争优势了，靠近市场也不是竞争优势。如果决策者认为，这些因素和竞争优势有着简单的直线关系，再根据这个想法来制定推动产业发展的政策，这样制定出来的政策起码在这些复杂产品系统产业里是行不通的。

表 6-2　　　正在中国兴建的反应堆种类和国内外参与方

反应堆种类	CNP-600	CPR-1000 和 EPR	AP1000	HTR-PM
主承包商	中国核工业集团	中国广核集团	国家核能电子公司	中国核能电力公司
设计（中方）	核工业第二研究设计院	中科华核电技术研究院	上海核工程研究设计院	核能和新能源技术研究院
设计（外方）		阿海珐		西屋
项目管理（中方）	中国核能电力公司	中广核工程有限公司	中国核能电力公司	中广核工程有限公司
项目管理（外方）		阿海珐和EDF	西屋和肖工程公司	萨金特和兰迪（Sargent & Lundy）

全球化的核能产业

在这一小节，我们再看一下核能产业的各路英雄，在 2010 年早期的市场状况下，它们将来会沿着一条什么样的道路发展？

核能产业和其他 CoPS 产业一样，这些年来，在技术上是故步自封的。20 世纪 50 年代以来，轻水反应堆一统全球核能天下，全球 400 多个正在运营的商用反应堆中，超过 95% 都是轻水反应堆。几十年来，这些反应堆的基本产品架构几乎没有任何变化，都是把蒸汽发生器、反应堆压力罩、反应堆冷却泵和涡轮发电机按照不同设计组装在一起，这是好事还是坏事，还真不好说。从事反应堆设计的企业一直都要就核电站安全进行公关，公关时，它们总是强调它们的设计是久经考验的，过往记录一直很好。西屋公司是这样描述它的 AP1000 反应堆的，说它是最先进的，但又是身经百战的，"它以西屋公司的压水式反应堆标准技术为基础,这种技术已经取得了顺利运作 3 000 个堆年的辉煌成就"。虽然一直有人在进行和传统的轻水反应堆完全不同的技术研究,核能产业的技术进步还是以渐进式改良为主,突破性创新在产业中没有什么地位。

对反应堆供应商来说,这就意味着它们的竞争武器不是新技术。它们竞争的是谁的安全记录更好,谁更有能力在预算范围内按时完成项目。这个产业的最大客户是要建设很多个核电站的国家政府,除了要兴建核电站外,它们还想建立自己的核能产业。要争夺这些能够带来丰厚利润的客户,关键在于技术转让的能力。这并不是说,技术转让越多的供应商就越有机会赢得竞标,赢得竞标的供应商往往是因为知道如何转让技术才能满足这些雄心勃勃的新生力量,拿到项目。我们在前文也说过,进入这个产业的概念设计、项目管理的门槛非常高,而且全靠过往的成功案例来说话,从 20 世纪中期起,技术转让就开展得如火如荼,现在在全世界,真正站住脚的反应堆供应商还是屈指可数的,还是那几个。

另外一个事实是,说到反应堆供应商的专属知识,技术还是其次的,重要的是它们能够把这么多参与机构调动安排好,制定计划完成任务,按步骤完成项目。也就是说,这些供应商的竞争武器是系统整合能力及其过往记录。

20 世纪 50 年代以来,只有屈指可数的几家企业掌握了这种技能。在自己国家参与多个核电站建设项目发展这种技能是必要条件,但是要全面掌握系统整合、供应链管理和技术转让技能,光有这一点是远远不够的。中国现在正在兴建那么多核电站,将来还要建更多的核电站,这是不是就意味着中国企业有朝一日会在全球市场上竞争核电站设计和项目管理的订单呢?有这个可能,但是谁也不敢保证这一定会发生。韩国电力公司现在也是通过和美国西屋公司合作才可以拿到国际项目,日本在国内建了那么多核电站,也没有登上国际领先地位。

对阿海珐和西屋这样的企业来说，它们在国内已经过了大量兴建核电站的时候，在国际市场拿项目对它们来说至关重要。在这里，拼的是企业的过往记录：系统是否稳定、技术转让是否成功、项目是否按时交付使用、成本是否合理。要把这几种因素结合起来，反应堆供应商和关键设备供应商之间的协调必须做好。在很多情况下，供应商要说服关键设备生产企业到另一个国家建立生产设施，并把技术转让给雄心勃勃的后起之秀。在另一些情况下，反应堆供应商还会邀请关键设备供应商，甚至新兴国家的后起之秀一起投资兴建位于第三国的海外项目。其中一个例子是，西屋公司拉上中国的国家核电公司，阿海珐公司拉上中广核公司一起去参加英国60亿瓦的地平线项目竞标。对核反应堆供应商来说，和后起之秀一起进行新电站建设是有风险的，但是要想继续取得商业成功就必须这么做。

与此同时，反应堆供应商还积极向下游发展，为已经投入生产的核电站提供高端服务。就拿西屋公司来说吧，它在继续发展原有的工程、设计功能的同时，还在努力开拓电站维修、燃料循环管理等业务。CoPS产业的很多大型跨国企业都走上了提供服务的道路，反应堆供应商只是随了这个大溜而已。当然了，同走一条新路，有的企业要走得乐意一些，也走得顺一些。比如中国的高铁建设，在川崎重工业公司一个劲地投诉中国盗窃技术的同时，阿尔斯通公司和IBM公司等企业正在静悄悄地不断把信号系统、保养计划和定制软件卖给中国。在很多CoPS产业中，未来的竞争优势不一定是在生产制造上，主要看的是执行能力，如何对现有的精密科技系统进行保养、维修和升级。就拿美国来说，20世纪90年代以来，核电站发电量增加了6 000兆瓦，但是没有兴建一座新的反应堆。通过更先进的设备和提高流程效率来增加发电量比建设新的反应堆更有吸引力。对关键设备供应商来说，未来的道路就更加艰险了。它们赖以生存的生产制造需要大量的资本，生产流程也变得越来越标准化，成了精密生产设备的一部分。像斗山集团这样的产业领军企业之所以能够不断发展，是因为韩国政府不仅给予它们大量的资助，还不断向外国老牌供应商施压要求技术转让，而且它们的产品在国内需求畅旺。这些条件现在中国都具备了。中国第一重工公司等后起之秀的崛起也就顺理成章了。斗山集团和柯蒂斯 - 莱特公司及其他很多主要设备供应商则通过加深和反应堆供应商的合作来守住市场份额，参与到反应堆供应商的设计和项目融资中去。通过反应堆设计和项目融资，这些全球化的大型设备供应商把自己更加紧密地和反应堆供应商连在一起了。通过这样的合作模式，设备供应商就不仅仅是反应堆供应商兑现海外技术转让承诺的工具，如果仅仅是一个这样的工具的话，接受技术转让的新一代设备供应商崛起之时，就是"工具"被废弃之日。

制造业也是非关键设备厂商的核心，但是，已经占了一席之地的企业面对的竞争环境又各不相同。很多欧洲的机械生产厂商发现，靠近大型的全球化制造业生态系统非常重要，中国的几个地区就是很好的生态系统。第一，这些生态系统的供应商种类繁多，应有尽有，各种价格和质量水平的都有。第二，系统内有大量的工程人才储备，产品开发和降低成本的人才特别多。欧洲设备供应商在这里取得了一个又一个成功，总的来说，它们的产品设计都来自本国的高端市场，但是，它们在中国的设计团队会重新设计产品来降低成本，让产品更易生产。这就意味着产品的供应链也要在中国了。原来的产品设计经过这一番改变，成本降低了，对新兴的中端客户很有吸引力，这些中端客户有些在中国，更多的在中国以外的世界各地。第三，在中国保留一定的生产制造功能使得企业能够就近服务有特别要求的客户，这类客户要求不间断的质量保证，不断有服务要求，还要求即时供货。如前所述，这些情况在核能产业是常见的。这里要说明的观点是：虽然中国企业在这些领域中不断崛起，海外老牌企业还是可以保住自己的竞争优势，但是，它们必须在中国有生产基地，能够有效地把中国的新技能和新机会和国内的资源结合起来。

但是，在核电站建设这个领域，企业技术发展和核电站在哪里兴建是密不可分的。核电站建设和核电站部署的其他活动不同，它更取决于核电站所在地的一些有关情况。而且，建筑产业的知识很多都是靠重复积累来的，"边做边学"是行业规矩。建筑的基本原理是很简单的，但是施工需要的实际技能和材料选用一点都不简单。大型工程尤为如此。近年来，中国建筑公司建了几万公里的高铁、公路，好几百个发电站、大坝、机场和桥梁。随着时间的推移，这些企业采用了先进的竞标方法、先进的建筑技术、有效的管理方法、先进的质量管理方法。中国的技术劳动力和半熟练劳动力那么充沛，再加上政府财政的大力支持，在这种环境下积累起来的经验一定能使技术升级换代。2011年，《工程新闻纪录》（*Engineering News-Record*）列举的全球最大的100家建筑承包商中，有22家是中国企业。这些企业现在开始向国际市场进军也是顺理成章的事情，现在它们甚至已经打入了最先进的发达国家。在建筑产业，本地知识很重要，但是边做边学的能力在哪个国家都一样管用。事实证明，在本国做过很多大型建筑工程的企业在别的国家也能把大型工程做好。其中一个原因是它们心里都知道哪些技巧是可以普遍应用的，哪些必须因地制宜。而且，它们到外国施工时，也学会了如何管理当地分包商。前些年，我们看到韩国建筑企业这么做了，现在又轮到中国企业了。这里要说明的观点是，那些一直不做大规模基础设施投资的国家，看到自己越来越离不开外国的建筑能力时，不要感到吃惊。

结论

政府完全可以通过购买复杂产品和技术系统来要求技术转让。当一个国家雄心勃勃地要在国内建立很多个核电站时，这个国家就有可能成为向全球供应核电技术的供应商。前些年法国、德国、日本成功了，后来韩国也成功了，下一个可能是中国。最起码中国企业很有可能成为一些资本密集型的关键设备供应商。

但是，要建成一个核电站，并把它交付使用，需要的全套技能广阔无边。

当今，没有一家企业掌握了整套技术。而且，最具挑战性、最难复制的不是技术子系统的实际生产过程，而是管理和整合整个项目的能力。企业可以通过占据核能供应链上的不同位置，以多种方式来取得商业上的领先地位。但是，我们都不清楚在某一方面的领先地位会不会转化成另一方面的竞争优势，比如说关键设备的生产制造能力优胜了，是否能够转化成概念设计和项目管理优势呢？本章的一大目标就是要把这些性质完全不同的能力和活动区分开来，以免有些人坚持把行业中跨国际的正常商业往来说成是向外国政府势力低头，把核心技术贩卖一空。

本章也说过，有些技能，尤其是重工业制造技能，确实通过政府的斡旋，通过国际采购协议转让到核电站购入国了。这就是这个产业的游戏规则，技术转让就是做生意的成本之一。但是，其他技能，比如说具体设计和为了降低成本重新设计，这些技能是领先企业自己愿意转让的，这不是一种有偿交换，而是为了提升总体技能，建立更强的竞争优势。也就是说，一个来自西方发达国家，在核能产业某个领域的领先企业，在某个海外市场设了一个点，这个点让它能够和主要购买方同处一个地方，靠近关键的工程人才储备和其他供应商网络，这家企业在这种情况下做的技术转让没有付出代价，而是提升了自己的技术、技能。要达到这个目的，企业通常将技术转让到一家自己有股权的企业去，接受技术转让的这家企业可以是转让企业的独资子公司，也可能是和别的企业组成的合资企业。我们也用欧洲的非关键设备供应商为例子对这点做了说明，我们认为它们在中国的经营提升了这些供应商的能力和全球竞争力，而没有使之受到损害。新的中国竞争对手是在不断崛起，但是，对欧洲和北美供应商来说，这都不是"中国问题"的核心所在。真正的问题是从本国来的竞争对手，因为它们有选择地吸收了中国体系中的生产、设计能力，变得越来越强了。换句话说，这是西方供应商之间的竞争，它们要比的是谁能在中国学到的东西最多，吸收得最好。这样，对某些来自先进国家的企业来说，能否有效地管理在中国的分公司或合资企业成了总体竞争力的一个标准。

我们也看到了在民用核能产业，系统整合能力是很难被复制的。长期来说，全世界只有屈指可数的几家企业发展并保持了这些能力。这些能力可能是在这些企业所在国大量兴建核电站的时候发展起来的，但是，今天看来，这些能力和一家企业的地理位置、生产制造活动和国家投资都没有什么关系。现在，正在进行工业化的国家中，设备供应商不断涌现，采购货源和建立合作关系的选择多多了。这就给已经成功的系统整合企业提供了很多新机会，提高了新来者的进入门槛。现在要建一个新的核电站，不管是在英国、南非还是别的什么地方，西屋和阿海珐这样的企业就多了可以与新兴的设备供应商和具体设计企业合作的选择，包括从中国来的新兴企业。通过和新兴供应商合作，从全球范围进行采购，反应堆供应商在原来就有的久经考验的竞争优势中，现在又多了一个成本低廉优势。很多新兴供应商，包括从中国来的供应商，生产成本可以低很多，很大程度上是因为，它们的本国市场发展一日千里，在为这些项目提供设备的过程中，它们做到了规模生产，降低了单位成本。现在要说这个因素在核能产业中非常重要还为时尚早，但是，在其他复杂产品系统中这已经成了一个重要因素，在世界各地的火力发电站和大型桥梁建筑中，都是如此。

最后，反应堆供应商通过控制概念设计，可以向板块化生产架构发展，这样也提高了采购的自由度，西屋公司就在顺着这个方向发展。发达工业国家的老牌企业现在还是享有很多选择的。这里要阐明的观点是，我们不清楚核能产业现有的反应堆供应商和其他系统整合企业（像法国的 EDF 和美国的肖工程公司）是否在往后撤，而且很快就要被后起之秀取而代之。在这个不断发展的生产、采购环境中，老牌企业可能正面临着前所未有的新机会。

但是，有一点是清楚的，随着产业不断全球化，新的竞争对手不断涌现，老牌系统整合企业还是有很多机会可以进行技能提升，抓住新的收入来源的。

复杂产品系统的本质决定了它们会不断需要维修、保养、技术升级等增值活动。近年来，这些服务包括给铁路系统提供信号系统、地铁收费系统和核燃料周期管理等。在很多情况下，这些都是价值非常高的活动，需要在长期商业合作关系的基础上才可以拿到这些项目，因为要提供这样的服务，企业必须具备大量的跨学科知识和对整个系统的认识。而且，这些服务是不可中断的，不断重复的。老牌企业迅速向提供服务发展，这样它们既可以在未来的成长领域建立起竞争优势，又可以在传统业务领域抵御低成本新兴竞争对手的进攻，这些竞争对手通常享有很多的政府资助。

对所有从事复杂产品系统的企业来说，要从国际市场上退回本土市场是不可能的。在核能技术产业中，参与竞争的企业，不管是中国的、韩国的、法国的，还是美国的，都没有缩小活动范围，把活动重心转回本国国内，取消跨国合作的，因为这不是企业发展壮大之道。看一下现在复杂产品系统的兴建地点，我们就知道根本就不应该问是否要撤回到发达国家这个问题，问题是如何能够参与到更多的国际性项目。这样那些最难复制的技术，才能够历久常新、跟上潮流，也只有这样才能不断拓展那些知识密集型的售后服务，这些服务是项目建成几十年后都需要的。

PRODUCTION IN THE INNOVATION ECONOMY

7

离岸与在岸
企业如何决定在哪里生产

唐纳德·B.罗森菲尔德

　　离岸还是在岸，对企业来说是重大的战略性问题，对公共政策来说也是如此。这些问题对所有企业都是关键性的。离岸还是在岸不是一个单独因素决定的，企业要面面俱到，尤其要考虑创新因素。通过产品多样化，创新发挥的作用会越来越大，企业在岸生产的优势就会越来越多。

离岸还是在岸，对企业来说是重大的战略性问题，对公共政策来说也是如此。这些问题对所有企业都是关键性的。离岸生产在短期内会降低成本，但是，长期来说，海外竞争对手成长起来后，就会争夺市场份额，从这个角度来看，离岸生产无异于给自己创造了竞争挑战。为了能够更专注于更高端、利润更丰厚的产品生产，把产品组合中的一部分放到海外去生产，也会侵蚀到企业其他业务。但是，继续在劳动力成本高的环境里生产，就可能因为成本原因而失去在市场上的原有地位，很多美国企业都证明了这一点。

从宏观经济和公共政策的角度来看，离岸问题也是极其重要的。关于美国竞争力的问题一直都是以离岸生产为重点的。大家都说，制造业劳动生产率的提高和离岸外包是制造业在高成本国家没落的重要原因。还有各种声音呼吁大家支持美国企业，创造出美国企业蓬勃发展的环境。经常有人说制造业对保持美国竞争力和维持现有的生活水平非常重要。

离岸生产通常与业务外包混为一谈，但这其实是两个不同的概念。离岸生产的意思是在海外为一家企业的国内市场生产，业务外包的意思是叫另外一家和自己没有关系的企业帮自己生产产品。业务外包可以外包给美国企业也可以外包给海外企业，而离岸生产的设施和资产可能还是企业自己的。这两个概念有关联，但是是两个不同的战略决策，结果也会不同。从宏观经济和公共政策的角度来看，离岸是最主要的问题。

对一家企业来说，离岸还是在岸通常是一个成本问题。企业对两地的产品成本，尤其是劳动力成本进行了比较，根据两者的差别大小，决定离岸或在岸。劳动力成本占总成本比例高的产业，比如说服装产业，企业往往离岸生产。如果离岸生产需要的额外成本，比如说运输、关税和其他高成本，加上这些成本之后，两地的成本差别不大，企业就往往留在国内生产。

从这个角度来看离岸还是在岸，那么像美国这样的国家，什么时候才能够创造更多的制造业就业机会，发展制造业的生产能力呢？ PIE 委员会的研究方法是通过探讨创新和生产之间的关系来找到这个问题的答案。当前，离岸与在岸的辩论如火如荼，很多人都说创新和制造业之间的关系是决定生产制造在哪里进行的关键。很多人认为要保持美国竞争优势的唯一方法是不断创新。有证据显示，离岸生产使得创新能力退化了。而且，还有人说美国正在失去它的创新优势。制定政策的官员面临的挑战是如何创造出一个有利于创新的环境，企业的决策中心在于如何能够发展和创新相连的制造业。

我们从两个方面来探讨创新和制造业之间的关系。我们先是采访了来自 7 家美国大企业的 8 位负责营运的高管，这 7 家企业在美国的制造业规模都很大。大部分企业的总部都在美国，且企业涵盖了多个产业。我们探讨一下这些企业是怎么决定把生产基地设在哪里的。虽然，创新和制造业的关系是生产基地设在哪里的一个重要因素，但我们的研究发现还有别的因素在起作用。比如说，我们采访的人中，好几个都说靠近客户是一个重要考量，有时候运输成本、要为客户提供量身定做的产品和服务也是决定因素。

我们采访的企业都是经过精心挑选的，涵盖了很多产业，包括汽车、电子、航天、消费品、医药设备、建筑和生物制药等。它们都是规模相当大的企业，也都是很成功的企业。而且，它们在美国内外的运营规模都很大。我们想确切了解，在产品开发和生产过程中，这些企业是如何决策的，决定每一阶段在哪里进行的因素又是什么。

我们还为产品的总成本建立了一个分析模型，用来分析各种产品特性是如何影响成本的。建立成本模型的标准方法是分析产品的直接成本、关税和运输成本。但是这种传统的模型过于简单，它只是把直接成本、关税、运输成本进行简单的互换，没有考虑到其他关键成本，包括库存、装卸、打折、到货延误等带来的成本。

服装产业就是一个很好的例子。这个产业对很多商品进行提前采购，之后再大批发给分销中心和商店。这种方法利用了大规模采购、运输带来的经济效益。但是，这种模式也有库存成本高、经常要打折的弊端，有些卖不动的产品甚至要完全报废。不过有些企业，就像西班牙的印第迪克集团的 Zara，它们更频繁地补充商品，这样虽然提高了生产成本，但是也降低了库存成本和打折几率，这样减少的成本就抵消了生产成本的提高。这家企业在满足销售需求方面也比其他同类企业做得好得多。标准成本模型忽视了这样的竞争策略，而 Zara 商业模式的中心就是这些策略。标准模型还没有注意到优质服务和产品多样性的优势，这也是 Zara 独有的。建立一个以产品关键特征为变量的产品总成本模型，我们就能推断出企业决定离岸还是在岸的条件。

下面，我们将通过总结采访结果来讨论创新和制造业之间的关系，我们采访的企业都是在美国有大规模制造业的大型创新企业。之后我们建立了一个总成本分析模型，在这个模型里，创新支持在岸的自变量，我们还找到了其他两个自变量：产品价值和产品重量之比、产品多样化程度。虽然以前也有人在模型中用过价值和重量之比，但是我们的分析模型明确地把这个比例用作推动成本的自变量。

自变量产品多样化程度也很重要，原因有二。第一，产品多样化程度和库存成本、服务成本紧密相关，Zara 就是一个很好的例子。第二，产品多样化是创新的一种形式。它需要灵活的生产流程、先进的供应链管理、发达的信息技术能力。能够提供多样化产品的企业，一定是在这些方面不断创新的。把高度多样化和创新联系在一起的制造业策略就是推动在岸化的策略。这样看来，创新不仅仅是产品、流程的翻新，它还包括产品、流程的多样化。

总的来说，我们的分析模型和采访结果让我们得出的结论是一样的，即有三个推动在岸化的的因素：

◎ 产品、流程的创新

◎ 价值和重量的比例低

◎ 产品多样化

我们会对这三个因素进行进一步讨论，并着重讨论多样化及其重大意义。

为了创新，在岸生产

创新可以在很多方面影响采购决定。

第一，如果产业竞争的基础是产品和流程的创新，生产成本对采购决定的影响就不像其他产品那么大。在这种情况下，让生产制造和研发同处一地就能够促进创新，带来更高利润。加里·皮萨诺和威利·史认为，创新的主要决定因素是生产制造和研发的联系的紧密度和生产过程的成熟度。比如说，如果生产制造和研发密不可分，流程创新也在不断发展，离岸生产的风险就很大。

第二，产品开发和生产制造有着密切联系。如果设计和开发都是在像美国这样的高成本国家进行，企业就有了把制造功能也设在同一地方的动力。马尼卡（Manyika）等认为，产业和产业发展的阶段决定了研发和生产是否需要同处一地，也决定了创新和生产制造之间紧密联系的程度。他们还引用数据说明，创新程度高的研发密集型和生产复杂（以所需资金成本和营业收入之比来判断）的产业通常需要研发和生产制造同处一地。其他人在开展政府政策讨论时，提出研发和生产制造同处一地的问题。特西在 2010 年的报告中指出，政府要给研发提供资助，他提到了在很多产业尤其是新兴产业，生产制造和研发同处一地的重要性。他指出"因为很多知识都是积累在参与者的脑子里，没有成文的，同处一地能够带来必不可少的协同优势"。

第三，高度创新产品的开发成本很高，资金成本也很高，相比之下，劳动力成本在总成本中的占比不高。赫尔珀、克鲁格和韦尔在 2010 年指出，在美国，最有可能把就业机会保留在美国，甚至扩大就业的是高工资产业。高工资产业也是最具创新性的产业。他们研究了四大产业，包括电脑和电子、化工、运输工具、机械产业，这四大产业的工资都很高，用创新的标准来衡量也名列前茅。

采访得到的证据

为了进一步探讨创新和制造业的关系，我们采访了来自 7 家美国大企业的 8 个负责营运的主管。这些企业在美国的业务都很大，除了一家，其他的总部都在美国。这些企业是：美国安进公司（Amgen）、卡特彼勒公司（Caterpillar）、霍尼韦尔公司、英特尔公司、强生公司、丰田公司、美国联合技术公司（United Technologies），它们都是非常创新的企业。在《商业周刊》2010 年全球最创新企业中，丰田公司排名第 5，英特尔公司排名第 12。[1] 在汤森路透的全球 100 个最具创新能力企业排名中，美国联合技术公司和霍尼韦尔公司榜上有名。[2] 在《财富》评出的最受仰慕的企业中，强生公司和卡特彼勒公司分别名列第 12 和第 19，安进公司在制药公司名列第 5。[3]

我们研究的企业涵盖了多个产业，有汽车 / 交通工具（丰田和卡特彼勒）、制药（安进）、医药器械（强生公司）、消费品（强生、霍尼韦尔）、建筑（卡特彼勒和美国联合技术）、航天（美国联合技术和霍尼韦尔）、材料（霍尼韦尔）、电子（英特尔）等产业。我们和每个营运主管会面时都让他们对一个产品从概念到规模生产的过程进行描述。在这个过程的每一步，决定在哪里进行这一步骤的因素是什么？想要得到所需资源，比如说人力资源，是不是决定地点的一个重要因素？我们还问到生产制造的地点是如何选择的，对企业来说，产品开发和生产制造同处一地又有多重要。最后，我们还问了优先选址决定的其他因素是什么。

我们从这些采访中得知，制造业对创新很重要，而且是创新的源泉和推手。但是，制造业和创新的关系并不是决定选址的唯一因素，其他因素也在起作用，就近为客户提供量身定做的多样化服务以及运输费用等也会影响到选址决定。在考虑这些问题的时候，这些企业不但要考虑流程和产品创新，还要考虑产品多样化和生产能力的结合。

我们在采访这 7 家企业时说到了创新的几个方面。产品开发和生产制造之间存在着密切的关系。生产制造过程很可能就是创新的源泉，特别是复杂产品的生产过程带来的创新灵感就更多。接受我们采访的人员经常说到，就近为客户进行量身定做的多样化改造是他们的战略计划。接近客户能让企业更好地了解市场需求，知道自己的产品如何才能更好地满足市场需求。这就让企业能够开发出更适合市场需求的产品种类。

表 7-1 列出了选址的具体标准，以及认为每个标准重要的企业比例。

表 7-1   采访企业中认为某项标准重要的比例

生产制造地点选址标准	说某一个标准重要的企业比例
生产制造和开发同处一地	4/7
加强技术开发能力	4/7
接近客户，增强对产品认识，为客户提供定制服务和多样化产品	3/7
降低运输成本	2/7
降低生产要素成本	2/7

我们采访的人员做出的一些回应值得我们进一步讨论。好几家企业说生产制造和开发同处一地对实现企业策略很重要。正因如此，把生产制造设在美国是一个重要的战略性选择。接受我们采访的丰田公司主管说，把产品开发和最重要的工厂设在同一个地方很重要。比如说，威飒（Venza）、坦途（Tundra）、塞纳（Sienna）这些型号是专门为美国市场开发的，在加利福尼亚州设计，在密歇根州安阿伯的研发中心开发出来，制造工程则在辛辛那提完成，而大规模生产制造全部在美国进行。

强生公司派来接受我们采访的高管给我们解释了生产制造和开发紧密相连的重要性，它们的研发和生产制造大都在美国进行。而对联合技术公司来说，业务线不同，生产和研发之间的关系也不同，同处一地的重要程度也不同。它们有几个全球卓越中心，很多个中心都像普拉特·惠特尼（Pratt & Whitney）一样在美国，但是情况也在不断改变。对霍尼韦尔公司来说，产品开发和生产制造之间的紧密程度也因产品和业务线不同而不同。对航天设备组装和化工产品来说，这两者之间的关系必须是非常紧密的，锅炉、燃烧器等复杂产品也是如此。

在霍尼韦尔的高性能材料、高性能技术业务线，产品开发团队和生产团队之间的合作是非常紧密的。虽然生产制造不一定要和开发比邻而居，但是同在一个地理区域，比如说同在美国，是有好处的。

其他几家企业则说同处一地不是那么重要，因为同处一地适用的范围有限。以英特尔公司为例，它的晶片加工开发团队和生产加工晶片的工厂紧密合作，但是我们采访的高管说这两个功能并不需要同处一地。强生公司最新的隐形眼镜都是在佛罗里达州开发和生产的，但是大规模生产都是在爱尔兰完成的。对这些企业来说，零部件和标准化产品，大多在低成本国家进行，霍尼韦尔公司的温度控制器就是其中一个例子。

生产流程创新是把生产制造留在美国的另一个理由。设计和生产之间的关系对产品创新至关重要，从设计到产品生产的过程也是创新的源泉。安进公司、英特尔公司、联合技术公司和霍尼韦尔公司都说到了这种情况。为了使用先进的加工技术也可以成为把生产留在美国的原因。我们采访的英特尔公司高管说："如果你有一个创新的加工技术，把生产留在美国就变得简单了。"在一个资本密集型产业，劳动力成本只是总成本的一小部分，流程创新带来的优势可以抵消生产要素的成本劣势。但是，在另外一些情况下，税务考量也会让企业选择海外生产，制药产业就是其中一个例子。

生产制造对创新很重要，在美国生产能够促进美国创新，不过和我们见面的高管说，让他们选择海外某个地点来设立生产制造设施的原因还挺多的。标准化的大路货商品通常在低成本国家生产，但是，其他因素也很重要。卡特彼勒公司、霍尼韦尔公司和丰田公司都说，产品在哪里卖或消费，就要在哪里生产，这点很重要。这是因为它们必须接近客户才能更好地理解客户对新产品的期望值，了解客户购买产品时希望产品能够给他们带来什么。霍尼韦尔公司说对复杂产品来说，靠近消费者市场让它们能够更好地做到因地制宜，让产品更符合当地需求，它们的燃烧器和锅炉就是很好的例子。最后，生产基地靠近客户降低了运输成本，因为产品不需要长途跋涉地从生产基地运到客户手里。这些说法都可以成为把生产制造设在高成本国家的理由，在下文我们将进行进一步探讨。

影响选址的其他因素

我们采访的 7 家企业虽然都强调创新和生产制造相结合的重要性，但都认为影响选址的还有三个别的因素：

◎ 监管

◎ 运输成本

◎ 产品多样化

第一个支持在岸生产的因素是监管因素。

监管因素一般都很简单，比如说，和国防有关的产品只能在美国制造，但是有时候也挺微妙的。有的监管条例可能规定一个产品中的当地含量要有多少，还有某些产品标准也会影响到企业决定在哪里生产某个产品。虽然我们也认识到了监管条例的重要性，我们在这里不对这个问题做进一步的探讨。

第二个支持在岸生产的因素是运输成本高企。在这里，产品价值和产品重量之比是关键，我们把这个比例称为价值密度。因为离岸生产省下来的产品成本通常和产品的价值相比较，而运输成本通常是由产品的重量决定的。当某个价值量的产品重量很大时，为运输该产品而额外付出的运费很可能抵消了离岸生产省下来的成本，化工产品就是一个很好的例子。高价值密度的产品，例如电子和生物技术产业的产品，离岸生产几乎没有带来什么额外的运输成本。赫尔珀、克鲁格和韦尔发现了这个现象，把每单位重量的价值和 2001 年到 2009

年间的就业机会流失相比较。就业机会流失的数据和价值密度的关联度是正的，相关系数为 +19%。

第三个支持在岸生产的因素是产品多样化，当产品多样化对赢得市场份额很重要的时候，企业趋向于把生产制造留在美国。我们采访的大企业中，一部分强调它们要靠近客户，根据客户需求来对产品进行改造。但是要做到产品多样化也不是那么容易的。要真正做到多样化，企业需要在多方面进行创新。第一，它的生产系统必须很灵活，能够经常变化。第二，它的生产排期也要能够灵活地对不同需求做出反应。企业必须有一个能力很高的员工队伍，他们必须能够操作不同的设备，应付不同的产量。第三，企业还要具备非常先进的信息技术和供应链管理系统，这样才能很快地对不同要求做出反应，而且还要对仓库里的产品作出安排。

我们举几个例子来说明这个问题。以西班牙公司印第迪克集团和它旗下的 Zara 品牌为例。和其他服装公司相比，Zara 补充货品的频率要高得多，它们能够这么做，是因为它们的生产系统都很灵活，富于创新。这个生产系统离西班牙总部不远，具有强大的生产能力。

这种策略也不是外国企业的专利。新百伦运动鞋有 25% 的最后组装是在美国完成的。现在在美国做鞋的企业很少，在这种情况下，新百伦这么做是极不寻常的。新百伦为什么要在美国制造呢？答案是多样化。新百伦的生产基地离客户很近，这样它就能够以很短的交货周期来补充新产品。

对任何一类产品来说，补充产品的方式有很多种。如果是为客户度身定做的，生产必须在离客户不远的地方进行。如果距离远的话，就要使用空运这样的加急运输方式，要不然生产周期就太长了。新百伦公司代表的是一个生产到库存的商业模式，要为客户和零售渠道提供库存的产品，生产设施、仓库必须就在附近。为客户、零售渠道提供库存支持主要看从生产到库存的周期有多长。这个周期越长，在库存上的投资就越大。对花样繁多的产品来说，每一样产品的需求相对较低，需要的库存支持就越多，两者之间的数学关系将在下节详细说明。在这种情况下，长周期就会把成本推到高不可攀的地步。换言之，如果新百伦公司在提供这么多花样产品的同时，还在亚洲生产产品，要支持这样的库存需要的成本就相当高，因为从亚洲来的产品周期太长。这就是一些企业在美国生产部分产品的原因。

但是，上面的例子也说明了提供很多花样的产品需要能力和创新。最关键的是加工技术要很灵活，产品开发和生产要紧密合作才能开发出这样繁多的品种，还要有先进的供应链管理系统和信息管理系统才能把这些花样翻新的产品销售出去。因此，要生产出这么多品种的产品而且还要能够及时对需求做出反应，要使用这样的竞争策略，企业就一定要有灵活的生产流程。这样看来，多品种策略和其他形式的创新并无两样。下面的分析模型让我们看到了品种是如何影响产品成本的。

产品成本分析模型

总成本的分析模型

为了更好地理解在岸生产和创新的关系，我们建立了一个产品总成本的分析模型。我们将这种关系表达如下：

产品成本 = 生产成本 + 运输成本 + 库存成本

值得指出的是，我们没有把搬运成本和关税单独列出来。我们认为搬运和运输功能相同，都是按照产品重量来收费的，而关税越高，对在岸生产就越有利。

这个模型的主要贡献在于找到了产量（也可以说是产品的品种，因为品种越多，产量就越小）对在岸生产的影响，并对这种影响进行了解释。影响是否在岸生产决定的其他两个变量是：产品对劳动力的依赖程度，即产品成本中劳动力成本的占比；与产品价值和产品重量之比，也就是价值密度。

在这些变量的影响下，劳动力依赖程度越低、价值密度越低、产品越多样化，在岸生产就越有吸引力。

这种总成本分析法也有其局限性。一样的产品如果在美国或其他高成本地区生产，在成本上可能会有少许劣势，但是有利于产品开发和生产同处一地，总的来说能够促进创新。如果产品生产需要先进的技术和生产流程，也很难离岸到一个低成本国家。最后，从竞争的角度来看，如果企业执行的是产品创新、快速服务、快速送货的策略，而且在这些方面优势明显，那么成本稍高一些也是可以接受的。但是，对总成本的理解也很重要，因为成本高得太多，就会把其他方面的优势都抹杀了。

生产制造成本

我们先为生产制造成本建立一个模型。当创新是竞争优势的关键时，推动生产成本的主要因素是什么？当创新是重头戏时，劳动力和其他生产要素成本在总成本中的占比就不会高，这样就减轻了高工资的负面影响。生产流程创新不断，成本也随之不断变化，成本不再是企业竞争的基础，竞争的基础变成了谁的产品具有最新功能及其他方面的优势。因此，离岸生产获得的成本优势就不会很大。而且，生产制造和研发紧密相连就表明设计变化是关键的竞争优势，成本就变得不那么重要了。最后，如果产品开发成本很高，劳动力成本的影响就比较低。半导体和生物科技产品就是很好的例子。对处于产品生命周期前端的创新产品来说，大多数的成本是产品和流程开发的成本，它们和成熟产品不一样，重复性的生产成本占比不高。

我们使用模型时把生产成本的一部分定义为生产要素成本，特别是劳动力成本。产品越具创新性，劳动力成本部分就越低。

在分析生产成本和其他成本的关系时，我们设定了一个产品的单位价值，比如说，一美元营业额的成本，这样，每一单位营业额的生产成本就是：

$$C_p = r\ (1-f+fL) \tag{1}$$

C_p = 每一单位价值的生产成本

r = 基本生产成本在营业额中的占比

f = 产品对劳动力的依赖程度，即劳动力成本在总成本中的占比

L = 劳动力成本指数，$L = 1$，代表基准成本

这里的假设是，如果产品创新度高，劳动力成本在总成本中的占比就低，离岸生产的优势也小，甚至会完全没有优势。如果劳动力成本这个因变量在总成本中占的比例低，在岸生产就更有利。

运输成本

我们接着建立一个运输成本模型。我们认识到重量是影响运输成本的主要因素，运输成本的公式就变得简单明了了。有些情况下，产品体积是影响运费的主要原因，有些产品把卡车装满了，但还没有达到卡车的最大载重。在这种情况下，运输成本和重量之间就不是简单的线性关系。不过，大多数情况下，重量是最主要的因素。这样，运输费用就可以用以下公式表达：

$$C_{tu} = B \times W$$

C_{tu} = 产品的运输成本

W = 单位重量

B = 每单位产品的运输成本

运输成本在每一单位价值成本中的占比，可以表达为：

$$C_t = BW/V = B/V_D \qquad\qquad （2）$$

在这里，C_t = 每单位价值的运输成本

V = 每单位价值

V_D = 价值密度 = V/W，每单位重量的价值

也就是说，价值密度越低，运输成本的影响越大，在岸生产的优势也就越大。V_D 的相对价值就可以抵消 f 的价值，f 是劳动力成本带来的影响。

库存成本

成本模型中最后的组成部分是库存。库存模型是最复杂的，它还受到产品多样化的影响。库存成本模型建立在一个很具体的假设之上，也就是多样化的成品是送到仓库的成品。如果多样化是通过度身定做而来，模型又不同了。但是，两个模型的结果都是：越多样化，成本就越高。

这个模型的基本概念很简单。产品品种越多，每个品种的量就少了，为了保持一定的服务水平，库存成本就提高了。在接单定制的情况下，多样化的影响也是相似的，定制产品的成本也会随着产品的选项增多而增加。在需求很难预测、预测的误差很大的情况下，就需要用接单定制的方法来生产。虽然这种情况下的库存成本不高，其他成本可能会大大增加，这些成本有灵活的生产系统和加急运输成本。

我们的目的是建立一个模型来反映库存成本和其他因素之间的关系。影响库存成本的因素是预测误差。如果预测误差很高，为了应付这种不确定的局面，就要增加库存。为了解产品多样化是如何影响库存的，我们要探讨多样化对预测误差的影响。具体说来，我们需要明确三大关系：

◎ 库存和预测误差之间的关系

◎ 预测误差和生产周期的关系

◎ 预测误差和产量的关系

这三大关系就共同决定了，库存是如何随着生产周期不同而不同的，在岸生产和离岸生产有着完全不同的生产周期，产品多样化的生产周期也不同。预测误差多了，库存成本就增加了，因为储备库存量（又称安全库存量）和预测误差的大小成正比。而库存中的绝大部分是储备库存、安全库存，因此，库存的表现和储备库存的表现就基本相同，都和预测误差成正比。这样，我们就可以把标准库存的模型套用到储备库存上。两者之间比例的常数就取决于服务水平。这个常数又称为 Z 因子，这个常数是通过服务和库存的正态分布，又称高斯分布关系得出的。

预测误差和生产周期以及产品产量之间的关系要复杂一些，我们可以从理论的角度和实践经验的角度来分析这些关系。从理论的角度来看，一个概率模型可以让我们看到产品需求是如何建立起来的。比如说，概率模型把一段时间的需求表达为独立时间段的增量之和。这就意味着生产周期内需求的变化和生产周期的长度成正比。因此，需求变化的标准偏差和生产周期的平方根成正比。

根据同样的道理，我们还可以建立一个以不同来源和地理区域的独立需求量为自变量的需求模型，总需求就等于这些独立需求量之和。当需求和需求过程都以某种方式变化时，预测误差就和需求的标准差一样了，我们就可以确立预测误差和生产周期及产品产量的关系。这种概率模型也为做离岸生产决定时如何衡量多样化的影响提供了指导。

以下是库存也是储备库存的模型：

$$C_i = z \times e$$

其中 C_i = 库存成本，e = 预测误差，z = 服务水平的倍数，比如说，z = 2 就代表正态分布的 97.7%。

这条公式代表了预测误差的倍数。但真正的问题是，造成预测误差的因素是什么？更直接的问题是，生产周期和平均需求水平在这里的作用是什么？从时间上来看，如果模型的需求是独立时间段需求之和，那么：

$$Y_t = x_1 + x_2 + x_3 + x_4 + \cdots + x_t$$

$x_i = i$ 时间段的需求量

Y_t = 从时间段 1 到时间段 t 的总需求量

或者是 $\mathrm{var}Y_t = t\,\mathrm{var}\,x_i$

条件是每个时间段都是独立的，分布形式完全一样。

于是需求量的标准差就和生产周期的平方根成正比。

$$\sigma_t = \sqrt{\mathrm{var}Y_t} = \sqrt{t}\,\sigma_i \tag{3}$$

其中 σ 是从时间段 i 到 t 之间任何一段需求的标准差。

如果预测没有偏差，不同时间段的预测误差之间没有关联，预测误差也和预测期的平方根成正比。

同样的道理，当一个产品的需求是不同地理区域需求之和时，这个产品各个地区的需求方差和预测误差的平方就和地理区域数量成正比。一家企业产品需求的变量或标准差和需求也是成正比的。

如果需求是不同地理区域的需求之和，而这些地理区域的需求是独立分布的，而且分布形式也一样，那么总需求 D_n 就是：

$$D_n = d_1 + d_2 + d_3 + \cdots + d_n$$

d_i = 地理区域 i 的需求，D_n 的变量等于：

$$\text{var}D_n = \text{var } d_1 + \text{var } d_2 + \cdots + \text{var } d_n = n \text{ var } d_i$$

前提是 d_i 是独立分布的，而且分布形式都一样。其中 n 就是和的项数，$\text{var } d_i$ 就是每一项的变量。

我们可以把公式换一个方式来表达：

$$\text{Var } D_n = n\overline{d_i}(\text{var } d_i/\overline{d_i}) = \overline{D_n}(\text{var } d_i/\overline{d_i})$$

在这里，$\overline{d_i}$ = 每个地区的平均需求
$n\overline{d_i} = \overline{D_n}$ = 所有地区的平均需求

因为 $\overline{D_n}$ 是平均总需求，需求的方差和平均总需求成正比，$(\text{var } d_i/\overline{d_i})$ 就是一个和 n 没有关系的常数。

这样方差的平方根，也就是标准差，和平均总需求的平方根成正比：

$$\sigma_{Dn} = \sqrt{\overline{D_n}}\sqrt{\text{var } d_i/\overline{d_i}} \tag{4}$$

如果预测没有偏差，不同时间段的预测误差之间没有关联，预测误差和总

需求的平方根就成正比。

因为变量和需求的平方根成正比，和公式（3）（4）得出的时间平方根也成正比，它的函数形式就是公式（5）。如果我们从需求随着时间和地域的不同而得到的增量入手，也会得到这个公式，也就是说，需求是不同时间段需求之和再加上不同地区需求之和。

$$\sigma_{\overline{D},t} = K_1 \overline{D}^{.5} t^{.5} \qquad\qquad (5)$$

$\sigma_{\overline{D},t}$ = 不同时间段 t 的需求的标准差，是一个常数，是平均需求，t 是时间范围。

总的来说，理论表明，对单独一家企业来说，预测误差和库存都和生产周期的平方根以及每一个品种的平均产量成正比。

当然，理论不是总是和现实相配的。由于种种原因，这些模型可以并不准确。预测误差可能一直都有偏差，不同时间段和不同地域的需求增量也可能是互相关联的。也就是说，需求变量和预测误差可能不是这样表现的，多样化的影响也可以通过实践经验来探讨，具体来说，就是通过库存和时间以及产量的关系来探讨。建立的模型可以通过一个公司需求的数据库来验证。作者和其他学者也用很多大企业的数据对这些模型进行了验证（见图 7-1 至图 7-4）。虽然，预测误差、需求变量和生产周期、平均需求之间的关系不是精确的平方根关系，但是需求变量和生产周期、平均需求这两个变量之间的关系是很强的，而且是凹型曲线的关系。这种关系用公式表达为：

$$\sigma_{\overline{D},t} = K_1 \overline{D}^{a} t^{\beta} \qquad\qquad (6)$$

其中 $\sigma_{\overline{D},t}$ = 平均需求 $\overline{D}$ 和生产周期 t 的需求标准差，$0.5<\alpha<1$，$0.5 \leqslant \beta<1$。

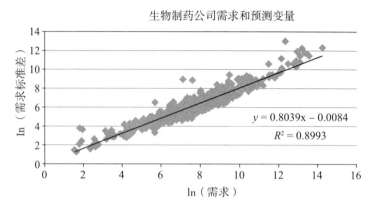

图 7-1　生物制药公司：变量和需求的关系

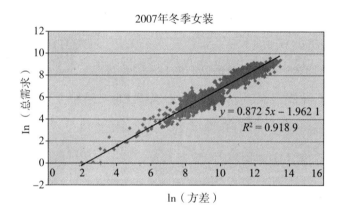

图 7-2　服装公司：变量和需求的关系

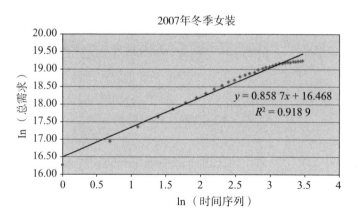

图 7-3　服装公司：变量和时间的关系

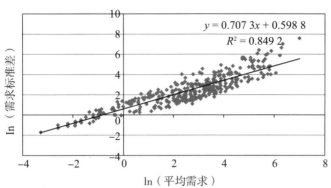

16 项产品的每周需求与标准差

图 7-4　食物分销商：标准差和平均需求的关系

罗森菲尔德用这个公式对一个消费品企业的多种产品进行了计算，得出的 α 值是 0.7 左右。图 7-1 显示了大概一年时间内一个大型生物制药企业一组产品预测标准差和需求之间的关系。值得指出的是这里的 α 值是 0.8。图 7-2 和图 7-3 显示的是一家大型服装企业变量和需求、变量和时间范围之间的抽样关系。这里表达的是冬季女装的关系，需求的 α 值是 0.87，时间的 β 值是 0.86。他们研究了两季服装三类产品，其中 α 值在 0.61 到 0.86 之间，β 值在 0.84 到 0.91 之间。最后，图 7-4 的研究对象是一家食物分销商，这里显示的是需求标准差和需求的关系，α 值是 0.71。

要指出的是，从理论模型（5）得出的平方根关系符合实际经验模型（6），α 值和 β 值都是 0.5。这些数据一般来说还应该高一些，通常是 0.7 或 0.8。如果预测一直有偏差，决定库存的预测偏差得出的 α 值和 β 值就还要高一些，总的来说，实际经验模型说明了多样化和生产周期对库存的影响。

我们把公式（6）修改一下，来得出库存单位而不是需求变量，我们还将库存单位除以需求来得出库存的百分比。这样，百分比和生产周期、需求的关系表达如下：

$$库存 = K_2 \overline{D}^{-(1-\alpha)} t^{\beta}$$

在这里，K_2 是一个概率常数，是由需求变化和服务水平决定的。因此，需求增加了，库存成本也增多了，但是由于这是一个凹面关系，库存成本的增加没有需求增加得快。所以，如果我们用库存除以需求，我们看到单位库存成本降低了。

如果我们用公式左边乘以每年库存成本，比如说15%，再两边都除以单位价值，左边就变成了库存成本百分比，这样，公式就变成了：

$$C_i = K_3 \overline{D}^{-(1-\alpha)} t^{\beta}/V \tag{7}$$

其中 C_i = 单位价值的库存成本，K_3 = 服务水平和需求变量和库存决定的常数，V = 单位价值。

这样看来，需求下降，库存成本百分比就升高了。

这个公式的重点在于它指出了多样化和每一个品种需求的关系。假设总需求没有变化，随着花样增多，单个花样的需求就减少了，库存成本增加。如果这些成本大幅增加，那么在岸生产就会变得更有吸引力。

这个是对现货供应产品的分析。如果企业是按订单生产的，情况又怎样呢？实际情况也会有相似之处，因为按订单生产就表示花样更多了。在这种多样化按订单生产的情况下，离岸生产需要的生产周期就很长，如果周期不长的话就需要加急运输。谁都不想生产周期长，加急运输费用很高，这样的情况就有利于在岸生产。

总成本模型

把公式（1）（2）（7）的生产成本、运输成本和库存成本加起来，我们得到了以下公式：

$$Cs = C_p + C_t + C_i$$

$$Cs = r(1 - f + fL)$$

$$+ B / V_D$$

$$+ K_3\overline{D}^{-(1-\alpha)}t^\beta/V$$

其中：

Cs = 生产、运输和库存成本在营业额总成本中占的百分比

C_p = 生产成本在营业额中的百分比

C_t = 运输和装卸成本在营业额中的百分比

C_i = 库存成本在营业额中的百分比

r = 基本生产成本在营业额中的百分比

f = 劳动力依赖程度

L = 劳动力成本指数

B = 单位运输成本

V_D = 价值密度

$\overline{D}$ = 平均需求量

t = 生产周期

V = 单位价值

K_3 = 由服务水平需求变量和库存决定的常数

总而言之，生产和销售的总成本包括直接生产成本、运输和库存成本。影响总成本的有三大主要因素：

◎ 产品中的劳动力成本含量增加，通过离岸生产就可以降低生产成本。

◎ 价值和重量比例越高，运输成本就越低，离岸生产的相对成本就提高了。

◎ 产品多样化，每个产品花样的产量就降低了，库存和服务成本就提高了，在岸生产的相对成本就下降了。

让创新和在岸生产紧密结合起来的方法有两个。第一，在产品和流程不断创新的环境里，劳动力含量就会降低，从而减少离岸生产的优势。第二，创新能够促进产品多样化，产品多样化有利于在岸生产。值得注意的是，总成本模型通过对劳动力和多样化策略的影响来强调了创新的作用。这个模型还指出有其他因素在起作用，价值密度就是其中一个例子。

结论

对 7 家企业进行的采访，以及本章建立的模型都说明了影响选址决定的因素多种多样。这些企业告诉我们，生产和产品开发的关系、产品和流程创新的重要性、是否需要接近客户、运输成本等都在发挥作用。模型告诉我们，企业在做离岸还是在岸生产的决定时，还会考虑到老劳动力含量的影响、运输成本、价值和重量之比、多样化和产量的影响。这样看来，离岸还是在岸不是一个因素决定的，企业要面面俱到。无论是在理论上还是实践中，我们列举的因素都是经得起考验的。

但是，模型和采访都告诉我们，创新在这里起着特别的作用。大企业都在想着如何进行产品、流程创新。企业不断创新，劳动力含量的影响就会小得多，根据模型，在这种情况下，离岸生产的相对优势就没有了。但是，我们提出的观点是，通过产品多样化，创新发挥的作用更大了。大企业都思考产品多样化及其对生产制造的影响，也认识到为了产品能够多样化，生产设施必须接近客户。模型还告诉我们，随着产品花样增多，库存成本和客户服务水平都会增加，在这种情况下，企业在岸生产的优势就会多得多。将来，在决定生产在哪里进行时，创新扮演的角色会越来越重要。

PRODUCTION
IN THE INNOVATION
ECONOMY

8

智造未来

7 类科技如何影响先进制造业

奥利维耶·L. 德·威克   达西·里德

7 类新科技会对 21 世纪初的制造业做出积极贡献，可能会给我们带来现在还没有的新产品。开发全新的产品和服务的机会也不断涌现，让我们进一步提高生产力，一种改变整个生产制造现状的全新流程即将来临。

　　本章总的目标是探讨制造业加工技术和产品设计的创新会对 21 世纪初的制造业前景造成什么样的影响。创新和生产制造之间最重要的接口，是先进生产技术的发明和改善。创新和实体经济之间一直在进行重要的循环反馈。新产品、新流程的发明以及现有流程的改良会提高生产效率，扩大产品组合，让大家能够享有更多服务。从大规模生产制造中得来的经验和知识又会促发新的创新构想。生产技术研究领域创新不断，开发全新的产品和服务的机会不断涌现，让我们可以进一步提高生产力，一种改变整个生产制造现状的全新流程即将来临。

　　我们利用本章的篇幅，对 24 个生产制造科技领域进行了总结，把它们归为 7 大类，这些技术会对 21 世纪初的制造业做出积极贡献。我们还对传统意义的制造业进行解释，此前大家都认为工厂就是一个按部就班地把原材料转化成制成品的线性过程。我们还提出先进制造业这个概念，这个概念从很多方面扩大了对制造业的传统看法，我们还详细描述了 7 大生产制造技术。现在的趋势是把制造业从传统的按部就班的线性过程转变为一个综合性的、封闭式的企业，这7大技术应运而生。

我们通过多方面的研究得出了关于制造业技术创新的结论，研究涵盖麻省理工学院内外。在麻省理工学院内部，我们详细研究了相关调查，还调查了校外的制造业计划，阅读了大量的文献。

首先，我们仔细查看了麻省理工学院师生在这方面的研究。我们的阅读范围很广，细看了147名麻省理工学院项目负责人的学术著作。这些负责人的研究领域都归在一个"制造、设计和产品开发"的大类里，其中一些研究人员的研究并没有标明与生产制造有关。2011年7月到2012年8月间，我们进行了30次实验室访谈，在这个基础上，我们把研究对象增加到199人。

其次，我们对85个国家级的工业、制造工程研究项目进行了问卷调查，征求他们对先进生产技术和开发的看法，询问最新的发展趋势是什么。这次问卷调查的回应率是34%，有些见解别开生面，其中很多和麻省理工学院内部研究得出的结果是一致的。在问卷中，我们问是什么使得美国制造业面临着如此大的挑战，以及什么样的措施才能改善美国制造业研究事业。问卷调查得出的主要结果是把先进制造业研究分为7大类。我们详细阅读了2008年以来发表的500篇关于制造业科技研究的论文，这些论文表明，关于先进制造业的研究在美国非常活跃，但是这些研究和直接由企业资助的研究是完全不同的。

先进制造业的7类科技

通过校内外的研究，我们发现先进制造业技术正在形成7大类。这7大类的基础是24个各具特色的领域（见附录8-1）。分类是根据生命周期分析的原则进行的，通过分类我们就可以知道某种技术最可能在一个制造业产品生命周期的哪一段做贡献。图8-1总结了这7大类技术在产品生命周期中的位置。

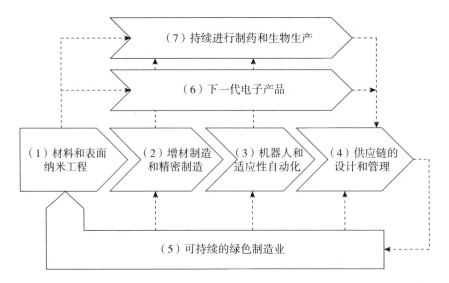

图 8-1 按照生产生命周期把制造技术分为 7 大类

注：虚线箭头表示技术大类之间可能发生的联系。

以下是对这 7 大类技术的总结：

◎ 材料和表面纳米工程：这类技术就是对功能性和多功能性材料的合成、构造，从纳米（10^{-9}m）、微小（10^{-6}m）的层面把材料从无到有地创造出来。这些材料包括无机的金属、合成材料，但是有机材料和复杂的聚合物也越来越多。这些技术不是对大自然中现有的材料进行改造，而是创造出自然界中不存在的人造材料。

◎ 增材制造和精密制造：这类技术是一种新的生产流程，这种生产流程用纤维来制造肉眼可见的零件，或者用粉状或金属丝状的原材料来一层一层地把零件建起来，形成复杂的三维形状。这种生产流程全部由数字技术控制，不需要花很多钱来度身定做模具。能够执行命令的促进器和感应器也属于这类技术。

◎ 机器人和适应性自动化：这类技术的重点在于对机器人进行创新性的

设计和使用，在生产过程中因地制宜地使用机器人和自动化设备。有时候，这些技术在生产过程中取代了人类劳动力或是加强了人类劳动力，在需要极高精密度、高度标准化、重复性很强的任务、需要很大力量的时候，更需要机器人技术。如何能够更好地把人和机器人结合起来，让他们相互适应，这样的编程和装配新方法也是热门研究课题。

◎ 供应链的设计和管理：第四类研究对象是如何对庞大、分散的多层次供应链进行计划、管理。这套技术用于同时跟踪几百万件流通在工厂、物流中心、零售店之间的货品，它的组成部分有各种标准、信息技术、计算程序和数据库管理技术。互联网在建立实时、可追溯的电子标签方面的作用越来越大，其他相关技术也在日新月异地发展。这些技术不但可以有效地处理不满一卡车的货物运输，还可以防止假冒产品流入终端客户手里。原来垂直一体化的大企业正在变得越来越专注于供应链的某一功能，它们的活动需要一个庞大的供应商网络来支持，零部件都需要从供应商那里运送过来，这就是推动这类技术发展的主要因素。

◎ 可持续的绿色制造业：推动可持续制造业发展的因素很多。有些原材料，比如稀土元素，变得越来越稀少，还有被少数人垄断的可能；能源和运输成本不断提高；新环境监管条例和客户的观念等。这方面的工作主要是通过对材料重新使用、再制造和再循环来堵上材料循环周期的漏洞，同时把生产制造中的能源消耗降到最低。

◎ 下一代电子产品：20世纪60年代以来，电子制造产业一直按照摩尔法则来发展，一个中央处理器承载的晶体管数量每18个月就翻一番，这方面的文献记录很详细。但是，半导体一直是建立在僵硬的硅片基板上，这种半导体的物理和经济寿命在2020年可能就到尽头了。下一代电子产品正在开发中，这些产品是用砷化镓等新材料制成的半导体、无掩膜光刻技术加工的印刷电路板（不再需要在掩膜上耗费巨资了）、有机和有源的基板等。

◎ 持续进行制药和生物生产：制药业正在努力减少小分子药物的化学生产，通过实时监测，让制药流程变得更加灵活可控。这些新技术可以更有效地生产拳头产品、主流药品，还可以低成本生产需求量不高的缝隙产品，也称为"孤儿药品"。与此同时，还有项目在研究如何把细胞和细菌变成可程控的小型工厂，生产根据客户特殊要求专门设计的蛋白质和复合物。虽然我们在这里把制药和生物制造都放在一起来讨论，但它们面临的挑战其实大不相同。

这 7 大科技类型综合起来就形成了一幅制造业科技、流程创新的绚丽画面。有些科技是颠覆性的，它们会彻底取代旧的流程，有些科技可以应用于现有的流程中。我们还看到能够改写竞争格局的科技正在开发中，这些科技能够创造出全新的商机，甚至全新的产业。在以下篇幅中，我们会为这些新趋势提供更多的细节和证据。

麻省理工学院的研究

如上所述，麻省理工学院在生产技术方面的研究成绩斐然，我们也仔细阅读了这些著作。图 8-2 列出了这些生产技术研究人员所属的科系。我们发现麻省理工学院的生产技术研究非常活跃，很多科系都在进行这方面的研究，涵盖了 7 大科技种类。学校里大概有 30 个单位进行这方面的研究，我们找到了 19 个项目负责人。

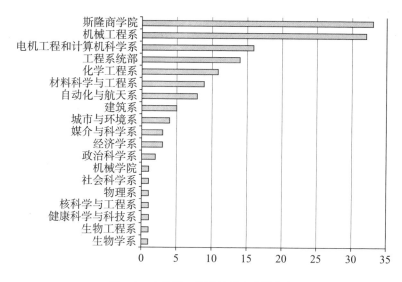

图 8-2 麻省理工学院的研究人员分布

我们发现进行生产技术研究的人员中，72% 是隶属于以下 5 个学术单位：机械工程系（22%）、斯隆商学院（22%）、电机工程和计算机科学系（11%）、工程系统部（10%）、化学工程系（7%）。有些单位是跨学科的，比如说制造业和劳动生产率实验室、全球营运领袖计划，除了这些跨学科项目，其他研究项目都是各自为政，没有人进行整体协调，也没有建立互相沟通的机制。我们在这里通过这些麻省理工学院研究项目来进一步说明这 7 大技术种类，每一大类技术我们都会提供一个具体的例子。

◎ 材料和表面纳米工程：机械工程系的克里普·瓦拉纳西（Kripa Varanasi）教授能够在纳米水平为某种材料进行表面量身定制，从而大大提高这种材料的表面性能，比如说，提高材料表面的疏水性（把水和其他液体排斥在外的能力）。这种技术能够大幅提高热交换器和其他化学加工设备的效率，使一些表面不再需要涂层，在将来能够完全改变大型工业零件的生产方法。

◎ 增材制造和精密制造：媒体实验室的彼得·施密特（Peter Schmitt）

重点研究三维打印和机械组件的原型机制造。他最新的成就是一步到位地打印出一个正常运转的表，而不用先把零件打印好再用手工把表组装起来。最近几年，麻省理工学院对精密原型机建造做出了重大贡献，尤其是高压水切割机和 3D 打印方面更是成就卓越。

◎ 机器人和适应性自动化：朱莉·沙哈（Julie Shah）教授隶属于航空航天系、计算机科学与人工智能实验室，她正在研究让人类和机器人合作的技巧和计算程序。她把研究中心从机器人如何取代人类劳动转到机器人如何对人类劳动进行补充上来。这就要求机器人能意识到人的存在和人类的意图，并开发出多主体任务分配和时序安排的计算程序。

◎ 供应链的设计和管理：精简化生产的主要原则是通过减少正在加工的产品，降低供应链中原材料、零部件和制成品的库存来提高劳动生产率。但是，供应链精简了，也更容易中断了，自然灾害、恐怖袭击、罢工就可能打断供应链。运输、物流中心的工程系统部教授尤西·雪菲（Yossi Sheffi）让我们了解到通过更好的模拟、计划和视觉化技巧，灵活运用物流集群地，供应链可以变得富有弹性，在遭受打击之后能够很快复原。

◎ 可持续的绿色制造业：可持续制造业中的一部分是如何对材料进行循环利用，这些材料包括含有不明杂质的合金，就像重新熔化多源铝一样。兰迪·柯城（Randy Kirchain）教授和材料科学、工程系、材料系统实验室同事们正在研究如何收集、冶炼铝合金，并给出铝合金定价的技巧和计算程序，这些研究成果也同样适用于其他成分不明合金的循环利用。

◎ 下一代电子产品：化学工程系的凯伦·格利森（Karen Gleason）教授和同事们正在研究有机光伏。这种薄膜技术可以让太阳能电池打印到有机纤维（比如说纸张）做成的基板上。虽然现在能够做到的太阳能转化率还很低（还不到10%），但是有朝一日，我们可能将电子零部件编织进、打印在我们的衣服还有其他柔软的材料上。

◎ 持续进行制药和生物生产：化学工程系的伯纳德·特劳特（Bernard Trout）教授和同事们研究的是小分子药品的制造，他们致力于创建一个持续进行的制药流程，这个流程成功后，制造化学药品的工厂能缩小好几个数量级。制药公司对这个研究项目非常感兴趣，因为它可以全面革新这个产业的经济体制，让它变得更加灵活。要用这种方法来制药的必备条件是对化学反应过程的实时原地感应和控制、连续不断的晶化过程以及多种分离、整理流程。化学工程系的克里斯特拉·琼斯·普拉瑟（Kristala Jones Prather）教授重新设计了大肠杆菌，用它来生产具有特殊化学性质的生物燃料。实质上就是把细胞和细菌变成了可编程控制的小型生物工厂。这里的挑战是如何保证生物过程前后一致，怎样才能扩大生产到宏观的规模。虽然，大部分生物工程和制造的研究都是针对医药界开展的，但是最近将这些技术用于生物燃料制造的兴趣也渐浓，因为它们能够使得生产过程更有效。

对麻省理工学院内部研究的分析得出的结论有以下几个。

第一，我们发现积极从事和生产制造相关研究的教职员工和科研人员很多。研究工作分散在整个大学的各个科系，参与到这类研究中的科系起码占整个学校活跃科系的15%。第二，这些研究都是为了解决产业实际问题而进行的，它们解决的都是长期问题，这些高度创新的概念打破常规，可能会彻底改变整个产业，虽然风险很大，但是获利的机会也很大。这些都不是渐进式的研究，和应用型大学里进行的研究有很大的差别，应用型大学的研究多是为了满足大企业的近期需求。麻省理工学院里和生产制造有关的研究经费大多由联邦政府提供，如美国国家科学基金会、美国国防部高级研究计划局、美国能源部、美国国家卫生研究所等，其中很大一部分研究极可能产生新的专利，以研究成果为基础就能够创立新创企业。

美国各地的应用

除了麻省理工学院外，美国各地还有很多对制造业和工业工程研究的项目，这些都是全国性的重要项目，为了征求他们的意见，我们进行了问卷调查。《美国新闻和世界报导》（*U.S. News and World Report*）对可以授予博士学位的科系进行排名，我们根据工业和制造业工程科系摘取了调查对象的名单。[1] 我们从科系、项目领头人那里得到的回应率是 34%。这些项目的地理位置涵盖了美国主要地区，在制造业方面领先的大学也都列在里面了。

第一个问题是开放式的，询问哪些制造技术和研究领域是特别有前途的。他们的回复都指向 7 大类型（见表 8-1）。

表 8-1	认为有前途的制造技术和研究领域分布
材料和表面纳米工程	
大面积石墨生产	
R2R 打印生产	
半导体 3D 综合电路	
纳米技术制造出来的复合纤维材料	
表面纳米蚀刻	
增材制造和精密制造	
家庭 3D 打印（现在的喷墨打印机延伸到实物打印）	
直接和电脑辅助设计连接快速建造原型机	
下一代注塑成型	
先进的电子放电加工（EDM）	

续表

像金属氧化物半导体制造执行系统一样的铸造厂（用来铸造零件原型）
以激光为基础的生产流程
通过烧结铝、钛、镍等金属度身定做零件

机器人和适应性自动化

智能自动化

镶嵌在产品和流程中的感应器

可以重新设置的机器人

人和机器人合作

无线实时感应

远程机器人的网络控制和远程操作

供应链的设计和管理

社区为基础的设计

复杂的网络－实体产品系统的开源设计

分散型供应链管理

电脑辅助设计/电脑辅助教育/电脑辅助制造的云计算

可持续的绿色制造业

新能源：低成本、高效率光伏

为生产制造提供高密度的太阳能

美国天然气的供应对能源密集型制造业的影响

垃圾到能源的转化

新型电池储存技术

把工厂产生的废弃物就地转化成能源

大规模的再制造和循环利用

下一代电子产品

紫外线纳米刻蚀

带控制感应的多功能仪器

电脑界面（通过触摸、声音和脑电波和电脑互动）

生产制造无线化（无线控制的工厂）

建立在灵活基板上的电子产品

续表

持续进行制药和生物生产
干细胞为基础的生产制造
人体器官设计和制造
再生性药品，个人定制药品
人体组织生产制造

我们接着让回答问卷的人，对24个新兴技术领域进行评价（见附录8-1），看看在未来的5到10年间它们的前途如何。回答分为1到5个级别，1是最没有前途，5是最有前途。图8-3把回应的平均值从高到低排列出来。横的虚线表示一个领域的平均分数。竖着的长方形表示平均值的一个标准差。从平均值来看，所有技术的得分都在3到5之间。

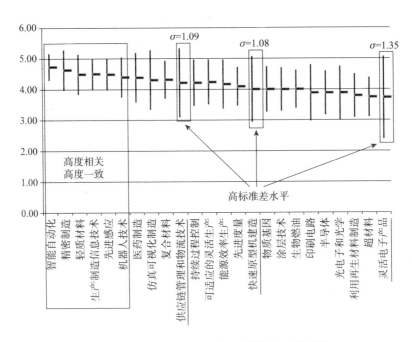

图 8-3　特别有前途的制造技术和研究领域

6种技术得到高于4.4的平均分，标准差也比较小（<1.0），它们是：智能自动化、精密制造、轻质材料、生产制造信息技术、先进感应和机器人技术。

值得注意的是得分最高的领域都属于机器人和适应性自动化那一大类的。这些技术的目标都是提高效率和精密度，降低生产过程中人手劳动力的含量。给人当助手的新式机器人也是这个大类里的。得分高的其他领域是轻质材料，比如先进复合物、和生产制造有关的先进感应器和信息系统。

3 个领域的标准差大于 1.0：供应链管理和物流技术，快速原型机建造，以及灵活电子产品。我们的调查结果表明大家对 3D 打印之类技术的前途看法很不一致。认为 3D 技术有前途的人说，很快就可以用快速原型机制造技术直接生产出很多产品来，有些甚至说大部分东西都可以这样生产出来，而且可能在家里就能做到。贬低这种技术的人则说，这些技术生产出来的零件通常不具备必需的有效期特性，比如说硬度、耐用度、疲劳负荷寿命，因此不能在实际应用中经久耐用。同样的，大家对电子电路打印到柔软的基板上这种技术前景的意见也不统一。我们也不清楚，这些得分标准差很大的技术是不是真的很有潜质，是因为太过新奇、缺乏成功记录而被大家低估了，还是它们确实有很大的局限性，使得它们前途有限。要回答这个问题，我们需要更加深入地调查了解这些技术。

最后，我们问这些项目负责人，在生产技术研究方面面临着什么挑战。以大学为研究基地的研究人员，在进行生产技术研究时遇到的挑战大致可以分成两种：资源不足和产业合作不足。

给我们回应的人说，要在一个大学里建立一个先进的生产研究基础设施需要的经济资源非常庞大，要好几百万美元。联邦政府经费资助的多少决定了哪项技术得到的投入多一些，而经费水平决定了哪些是重点项目。联邦政府决定将生产技术研究作为当务之急，并为之提供经费时，大学就申请经费，开展研究。美国国防部高级研究计划局在 2010 年推出的"自适应车辆"计划就是其中一个例子。[2] 但是，当联邦政府的重点转移时，经费也没有了，很多大学的研究工作也就难以为继了。

　　除了个别能拿到经费的机会外，大学高层管理人员和招聘委员会都不认为制造业是一个很具前沿性的研究领域。从事这方面研究的教授有时候会把自己对制造业的研究兴趣掩盖起来，他们通常强调自己的研究与基本物理学或生物学的联系，而闭口不提与实际应用有什么关系。几个回答问卷的负责人特别指出，让在美国出生的人来从事生产研究很难，因为他们对这样的职业生涯缺乏兴趣。在很多大学，只有很少的教职员工和学生对制造业感兴趣。很多都倾向于从事其他领域的研究，都认为能源、机器人这些领域比制造业有吸引力，其实这些领域也和制造业有着直接或间接的关系。

　　这次校外调查还发现了另一个问题，那就是从事制造业的大学很难找到和企业合作的机会。在政府不再提供经费或者政府提供的经费不足的情况下，大学如果能够和本地的产业建立合作关系，就可以让研究继续下去。大学经常利用企业设施来建原型机，测试研究构思，但是通常会把知识产权让给产业赞助者。为了能够用到先进的生产设施，很多大学都愿意用部分甚至全部的知识产权来交换。

　　企业一般都想很快就得到答案，而教职员工和学生想要的是发表论文，做长期研究。企业想要解决在日常生产过程中遇到的问题，这和大多数研究人员的兴趣和动机并不一致，矛盾就产生了。学术界的研究人员告诉我们说，他们都很乐意研究企业提出的课题，但是企业要求的研究资助合约通常给他们太多的法律掣肘。几个学术界的研究人员在回答我们的问卷中提出，在美国需要在生产技术研究方面建立新的合作共赢模式。他们都想有新的办法来改善大学与产业在生产技术研究方面的合作，比如由州政府牵头的资助计划，把产业资助的实验室设在大学里，设立非营利性质的应用研究学院，都是可以考虑的方法。现有的生产技术研究模式都是短期的，完全取决于联邦政府的预算，这就使得研究项目很不稳定，而提议的这些方式有助于改变现状，使研究能够有一个稳定的环境来长期发展。总而言之，在生产技术研究方面，我们还需要新方法、新机构在学术界和产业之间架起一架桥梁。在美国制造业合作社的赞助下，成立了好几个非营利性质的制造业创新学院，这就是一个很好的例子。[3]

根据不同的制造业报告对科技领域进行的交叉比较，最近发表的很多篇论文都强调创新和生产技术研究的关系。在 2010 年左右发表的 5 篇论文，在美国内外引起了很大反响。

1. *Report an Ensuring American in Aduanced Manufacturing*, President's Council of Advisors on Science and Technology (PCAST), 2011. 06

2. *Report on Capturing Domestic Compettive Aduantage in Aduanced Manufacturing*, American Manufacturing Parthership (AMP), 2012. 07

3. *Report on Emerging Global Trends in Aduanced Manufacturing*, Institute for Defense Analyses (IDA), 2012. 03

4. *Make: An American Manufacturing Moment*, US Manufacturing Competitiveness Initiative, 2011. 12

5. *Manufac-turing the Future: The Next Era of Global Growth and Innovationg*, McKinsey Global Institute, Mckinsey Operatinos Practice, 2012. 11

在表 8-2，我们把这些报告中和制造业有关的技术与我们总结发现的 7 大生产技术种类相对比。

表 8-2   7 大技术及对应论文

科技类别	论文 1	论文 2	论文 3	论文 4	论文 5
1. 材料和表面纳米工程	√	√	√	√	√
2. 叠加和精密制造		√	√		
3. 机器人和适应性自动化	√	√	√		√
4. 下一代电子产品	√	√	√		
5. 持续进行制药和生物生产		√	√	√	√
6. 供应商的设计和管理	√	√	√		
7. 可持续的绿色制造业	√	√	√	√	√

表 8-2 列出了 7 大技术种类以及在 2011 年 6 月到 2012 年 11 月间发表的 5 篇报告。5 篇报告都对纳米工程和新材料的重要性进行了讨论。每一篇报告都提到了用于节能高效汽车的轻质材料、用于制造医药器械的生物相容材料。这 5 篇报告中，有 3 篇提到了叠加和精密制造。4 篇报告重点讨论了机器人和自动化取得的进步，还特别提到了这些进步能够带来的高度灵活性。它们还都提到了供应链的设计和管理。但是，不同报告对这一大类的着重点不同。4 篇报告说到了可持续的绿色制造业，重点是堵住材料循环的漏洞和废物再利用。下一代电子产品出现在 3 篇报告中，特别提到了光电学和光子学。每一篇报告都提到了制药和生物制造，在所有创新大类中，美国最占优势的是这一类，这也是最有前途的一类。

虽然每一篇报告讨论的技术有所不同，但是它们普遍同意我们指出的 7 大科技类型都很重要，而且这几大类活动没有重叠之处。

相关文献调查

最后，我们对发表于 2008 年到 2011 年之间的有关论文进行了审阅调查，通过这个方法来测试这 7 大分类的实用性。我们总共找出了 558 篇经过同行评议的期刊文章。我们觉得在这期间发表的论文一定比这个数目多得多，因为很多论文是在学术会议上通过演讲的形式向同行介绍的，这些论文就不会再陈列在《科学之网》(*Web of Science*) 上。我们发现与生产技术有关的论文讨论的专题有 10 个，这 10 个主题和 7 大科技分类也相符。

◎ 智能自动化和自主化

◎ 可重设的生产系统

◎ 流程模拟、监控和优化

◎ 机床设备和仪表仪器

◎ 设计整合

◎ 快速原型机开发、叠加生产

◎ 微细加工

◎ 可持续生产

◎ 生物制造

◎ 医学器械

从发表的生产技术论文来看，我们发现研究工作集中在 10 多所大学里，其中麻省理工学院、卡内基梅隆大学、加利福尼亚大学伯克利分校、密歇根大学、佐治亚技术学院、宾夕法尼亚州立大学和斯坦福大学做得最多。这 7 所大学中有 6 所是先进制造业伙伴计划的成员，创立于 2010 年的 AMP 是在前总统奥巴马鼓励下成立的产业与学术界的合作联盟。还有一组大学在应用科学研究方面也很活跃，但是没有把研究成果发表出来。我们认为这些大学的研究项目可能是通过知识产权协议和产业合作的项目，这一点我们在前文也讨论过。总的来说，美国在先进生产技术方面的研究的质量很高，而且在持续稳定地发展。

先进生产的定义和含义

我们对先进生产技术研究进行了分类，并对大趋势进行了总结。现在我们要问的问题是：这些生产制造方面的创新如何影响改变着今天的制造业，对明天的制造业又会产生怎样的影响？为了给这个问题找到更好的答案，我们要把这7大科技种类和一个典型的制造业企业架构相比较。图 8-4 显示的是一个典型的制造业工厂布局。在这里，我们要说明的是传统意义上的制造业是什么样的，它的各种投入和产出又是什么。

传统意义上的制造业就是按部就班地把原材料转化成制成品，原材料主要来自大自然，比如说地下的矿藏和森林等。供应链的输入端把原材料运到工厂，暂时储存在仓库里。仓库主要起缓冲作用，保证生产线不会因为原料不足而停工。下一步就是零部件加工，也就是把制成品的组成部分一个个生产出来。在一个高度垂直一体化的企业里，大多数的零部件就在企业内部生产出来了，就像 20 世纪 20 年代的福特汽车生产它的 T 模型汽车时一样，或者是像 20 世纪七八十年代的波音飞机一样。这些年来，很多企业都变得不那么垂直一体化了，很多零件都是供应商做好了给它们，或者是企业干脆在市场上购买标准零件，这些零件先来到企业的中间站，再存放在企业的内部仓库里。

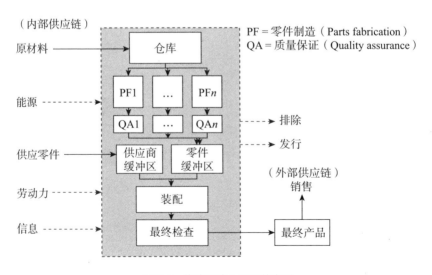

图 8-4　传统制造业工厂的布局

　　无论是企业自己生产的零件，还是从外部购买来的零件，都要有质量控制措施来保证它们达到下游生产步骤的要求。让不合格的零件蒙混过关，进入生产流程的下一步，会给企业带来很大损失，因为这样会提高废品率，降低劳动生产率。制造业的其中一个新趋势是质量检测从零件加工开始，利用统计过程控制来做质量检测，而不是等到加工完毕了，所有的失误都堆积在一起时才做检测。这样做就能及早发现问题，但是需要先进的感应器、软件，整个工厂也要更加一体化，对技术水平要求也高得多。

　　零部件都做好了，最后一步就是把产品组装起来。如果产品组成很复杂，整个组装流程还要按照组装的不同部分，分成不同的分装流程。这些分装流程可以在总组装线前面一字排开，同时给总组装线供应组装模块。组装完成后，最后的质量检测就开始了，检查产品是不是可以如常运作，有没有达到各方面的指标。接着制成品就放到仓库里，准备通过出口端供应链分销到各个市场中去。除了原材料，一个制造业工厂还有其他关键性的投入。这些投入有矿物或电力能源，从供应商、机械设备卖方和客户那里得到的信息，技术水平高低不同的劳动力。要提高劳动生产率，必须尽可能降低每单位产出所消耗的投入，同时还要保证产量和质量。在产出端必须要尽量扩大有效产出，减少没有价值的产出，废品和排放，包括噪音排放、空气污染物排放、化工原料残余排放等，就是没有价值的产出。

　　过去，每一个工厂生产的产品种类都不多，有限几个产品的设置也都是标准化的，变化不大，工厂的主要任务就是不断提高劳动生产率，提高这几个产品的产量。但是，20世纪80年代以来，企业越来越意识到各个细分市场对同一个产品的需求都不同。因此，生产线也要花样翻新，产品多样化的同时还要保持高质量和高效率，这就给制造业提出了新的挑战。制造业另一个新趋势是，越来越多的企业在使用"推拉策略"。传统制造业通常根据销售预测来安排生产，这是传统的"推"策略，而现在很多工厂只是根据预测来生产零部件，最后的组装是根据实际接到的订单来进行，这是"拉的策略"。戴尔电脑公司是使用这种策略的先行者，这种策略又称为"延迟生产"。这需要把生产计划、排期和工厂运作、供应链管理精密地结合起来，还需要工厂进一步一体化。为了有效处理这种不断变化的复杂情况，生产工人要具备更高的技术水平，信息系统也要更精密。

这个研究项目让我们对先进制造业技术有了进一步的了解，拓宽了 21 世纪先进制造业技术的定义。我们把图 8-4 的简化形式放到图 8-5 上面，图 8-4 只是抽象地列出了加工、组装和制成品这几个线性步骤。我们发现用这种线性的眼光来看待现在的制造业是不够的。生产制造的面变得广得多了，也不再是这么直线型的了，这些变化主要表现在 4 大方面，如图 8-5 的阴影部分所示。

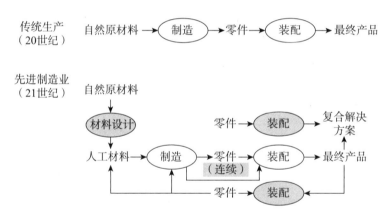

图 8-5　21 世纪先进制造业与传统制造业

注：阴影部分代表的是传统直线型制造业发展的新趋势。

第一，图 8-5 显示，在 21 世纪，虽然加工和组装仍然是制造业的核心，但现在合成新材料的能力已经很强了，这一步就和加工、组装一样重要了。一直以来，我们通过机械、化学、热动力的方法来加工天然材料，比如金属合成，但是，作为生产过程起点的原材料都来自自然界。材料设计及合成让我们从无到有地创造出新的材料，这些材料的内部和表面特性都是根据要求而设计出来的，不再是自然产生的。这对下游生产有着深远的影响，比如说，它可能在接下来的加工、组装步骤中省了像涂层这一道工序。

第二，引入超高效率的生产自动化过程后，加工和组装的界线就变得模糊了。传统的生产制造都是以批量生产为中心，把生产过程分成清晰的一步又一步，每一步都在不同的时间、空间里进行。今天的制造业变得越来越连贯，单独一个产品就是一个批量。这样就可以同时进行多方面监控，不再需要中间的缓冲带，提高了灵活性，但这也要求设备更加精密，对生产过程了解更多，才能多步骤同时进行，协调有序。

第三，"产品"往往不再是一个像飞机、小玩意那样的实物，而是实物、服务和软件相结合的一整套产品。我们采访的多家企业都说实物产品很多时候只是达到目的的一个手段，它们的目的是为客户提供一条龙的解决方案。还有一个为制药产业生产流程板块的小企业告诉我们说，在产品—软件—服务这一整套解决方案中，服务部分带来的利润最大。但是，如果没有对实物产品的深入了解，是不能为客户提供服务的。这一点对生产制造很重要，因为能够组成产品—软件—服务套餐的产品比传统的"静态"产品含有更多感应器，需要更高的质量和稳定性，软件含量也较高。

第四，让回收再用的材料回到加工过程中，或者是成为材料合成的原料。在这里，根据再循环材料是在生产流程中哪一个阶段使用的，我们就可以确定这些材料是再使用、再生产还是再循环了。原材料价格波幅越来越大，少数国家控制了一些稀有原材科的供应。因此，材料回收就不仅仅具有生态环境意义，还有其他推动因素。

21世纪先进生产制造给我们呈现了一幅广阔而复杂的画面。根据图8-5展示的架构，我们把先进制造业定义如下：

> 通过超高效流程将有增值作用的软件、服务和实物生产结合起来，创造出一整套解决方案，在这个过程中还可能要为客户提供定制服务，利用回收材料。

表 8-3 把 7 大生产技术类型与新型制造业及图 8-5 列出的 4 大潮流进行了比较。

表 8-3 　　　　　　　生产技术种类和先进制造业主要趋势的比较

技术种类 / 主要趋势	材料设计	持续生产流程	产品服务一体化	回收利用
1. 材料和表面纳米工程	√	√	√	√
2. 叠加和精密制造	√	√		√
3. 机器人和适应性自动化		√	√	
4. 供应链的设计和管理			√	√
5. 可持续的绿色制造业	√	√		
6. 下一代电子产品	√		√	√
7. 持续进行制药和生物生产	√	√		√

注：打钩的地方表示技术种类直接支持相应的先进生产。

比如说，材料和表面的纳米工程研究让材料设计成为可能。我们认为，这不是现有流程的改良，而是生产过程中一个全新的步骤，就像零部件生产和组装那么重要。材料合成可以在一开始就把产品功能直接融入材料中，比如嵌入式传感器功能梯度材料等，这样就减少了组成产品的零件数目，在不久的将来就能够制造出更加整体化、更轻的产品。

增材制造和精密制造业主要有助于零件加工，通过一层又一层的打印，从无到有地创造出新的零件来，而不是从一大块原材料开始，再把不要的部分切去。这类技术的另一个重要目标是减少零件加工过程中的定制环节，因为模具生产需要很大的投资。

机器人和自动化类技术可以取代或加强人类劳动力。这类技术不但提供容易程序化和维修保养的机器人和自动化器械，让生产过程更加灵活、多变，还可以减少资本投入。把购买和操作成本和每单位产出相比较，机器人的竞争力越来越大。一直以来，机器人主要用于组装，而现在它们在向上游的加工和下游的供应链发展。供应链设计、管理的改善主要影响的领域是价值链的末端，尤其是制成品的按需派送方面，把实物产品和软件、服务打包为客户提供一揽子解决方案所需的信息技术和客户数据对接，也将受惠于供应链设计管理的改善，原材料使用后的跟踪和回收也会受益于这类技术的发展。供应链管理除了通过条码和电子标签来跟踪货物，还可以通过影响预测能力来改善生产排期。

可持续的绿色制造技术有助于废物利用，大幅降低制造业的环境足迹和能源消耗。准确地衡量制造业的生态足迹和能源消耗，给我们带来了很多创新的解决方案和技术。

先进电子产品技术通过更好地感应和控制来影响生产过程，把感应器和电子元件直接嵌入到产品中，这也改变了生产过程。有些情况下，嵌入电子元件是把实物和服务、软件结合起来的前提条件，比如，一个全球定位晶片嵌入到一个产品中，才能接受定位式的服务。举个例子，能够感应自身状态的产品会在产品需要维修保养的时候通知产品操作人，这样产品生产商就可以得到提供增值服务的机会。互联网把实体世界和虚拟世界连接在一起，在这类技术的实际应用中发挥了巨大的作用。

药品生产和生物制造必须对产品的功能和结构在分子和细胞层次有深入的了解，才能进行材料设计，再把持续生产过程延伸到更复杂的分子和复合物上，制造出新型药物和生物燃料来。

结论

我们观察了很多在先进制造业方面的创新。麻省理工学院和其他美国大学继续在制造业有关的科技领域进行着创新。我们发现很多创新会给制造业带来翻天覆地的变化，而不是小打小闹的改良。制造业技术研究集中表现为 7 大类，这 7 大类技术中，有些是互不相关的，有些是互补的。表 8-4 对这 7 大类技术进行了总结。

表 8-4	对 7 大类技术的总结
材料和表面纳米工程	
从无到有地在纳米层次把多功能材料合成起来。	
叠加和精密制造	
把一层一层的材料建成复杂的 3D 形状，把具有定制性能的纤维挤成 3D 形状。	
机器人和适应性自动化	
使用机器人的新方式，用机器人来取代或补充人类劳动力。	
供应链的设计和管理	
使零件和产品的分配变得更加灵活、有弹力，更加分散，还包括了以互联网为基础的生产制造。	
可持续的绿色制造业	
这种新的生产、回收过程尽可能地减少了使用的能源，对材料进行循环再用，减少了废弃物和排放。	
下一代电子产品	
非硅材料制成的先进电路，安装在无掩膜法制成的柔软基板上，基板甚至可能是有机物质构成的。	
持续进行制药和生物生产	
小分子药品的持续生产，把细胞和有机组织变成可编程的工厂。	

企业会采用哪一类技术取决于企业所在的产业、地点，企业用来建立竞争优势的战略决定也是一个很重要的决定因素。企业应该考虑哪些生产技术可以从市场上购买回来，哪些要通过自己创新来开辟新市场。在这种情况下，我们

认为先进制造业覆盖的范围比传统制造业的直线型生产过程要广。先进制造业要将实物制造和服务、软件结合起来，创造出一整套的解决方案。与此同时，先进制造业还可以进行定制设计、回收材料、采用超高效率的生产流程。

本章进行的生产技术研究让我们对正在崛起的新兴技术有三大认识。

第一，即将到来的新技术可能会给我们带来现在还没有的新产品。这样的例子有不用硅为基本原料的半导体、可穿戴的电子产品、用生物原料生产的新药和燃料。很多技术有创造出新市场的潜力，这些新产品的需求很大，围绕着它们展开的经济活动规模会很大，这些技术甚至可能创造出全新的产业。一个关键的问题是，这些新产品是否能够创造出足够的价值来和现有产品共存于市场，甚至取代现有产品。

第二，我们看到"可编程"生产过程正在逐步兴起，这样的生产过程不再需要资本密集型的机床和模具。我们观察到的另一个趋势是尽量减少使用昂贵的生产设备，造价50亿美元的半导体工厂、50万美元一台的冲压模具就是很好的例子。3D打印技术和无掩膜纳米光伏技术就是这类新技术的佼佼者。但是，这些新技术必须回答几个关键性的问题：它们能够保证达到要求的标准误差吗？它们能够促进分散型生产的发展吗？

现有的大型生产制造过程也有很多技术革新，这些创新让生产流程效率更高，更加灵活。本书姊妹篇《重塑制造业》一书指出，劳动生产率的提高是一个国家保持竞争优势必不可少的元素。这些技术创新不会给现有生产流程带来翻天覆地的变化，它们只是在价值链的不同部位切入，来提高劳动生产率。这样的例子有：在生产和销售过程中跟踪零部件的电子标签，对成分不明的铝合金进行回收，机器人和人的合作，适应性自动化等。这里的关键问题是美国工业界会采用这些技术吗？

　　这些技术中没有一个能够彻底解决美国制造业或所有工业国家制造业面临的问题。我们认为把先进制造技术、创新的产品设计、增值性服务和严谨的生产流程巧妙地结合起来，才是制胜之道。

PRODUCTION
IN THE INNOVATION
ECONOMY

附录 8-1：和工业设计有关的技术

◎ 有弹性的电子产品

◎ 供应链和物流

◎ 快速原型机建造

◎ 生产模拟和视觉化

◎ 药品和医药器械生产

◎ 打印出来的电子产品

◎ 光电子和光子技术

◎ 节能生产

◎ 精密制造

◎ 持续性的流程控制

◎ 适应性和柔韧生产制造

◎ 轻质材料

◎ 机器人

◎ 材料基因学

◎ 涂层

◎ 合成材料

◎ 半导体

◎ 用再循环材料进行生产

◎ 先进度量学

◎ 生物燃料的生产和提炼

◎ 智能自动化

◎ 制造业专用的信息技术

◎ 先进的感应技术

◎ 结构材料

扫码下载"湛庐阅读"APP，
搜索"重塑制造业（实践篇）"，
查看全部参考文献及注释。

未来，属于终身学习者

我这辈子遇到的聪明人（来自各行各业的聪明人）没有不每天阅读的——没有，一个都没有。巴菲特读书之多，我读书之多，可能会让你感到吃惊。孩子们都笑话我。他们觉得我是一本长了两条腿的书。

——查理·芒格

互联网改变了信息连接的方式；指数型技术在迅速颠覆着现有的商业世界；人工智能已经开始抢占人类的工作岗位……

未来，到底需要什么样的人才？

改变命运唯一的策略是你要变成终身学习者。未来世界将不再需要单一的技能型人才，而是需要具备完善的知识结构、极强逻辑思考力和高感知力的复合型人才。优秀的人往往通过阅读建立足够强大的抽象思维能力，获得异于众人的思考和整合能力。未来，将属于终身学习者！而阅读必定和终身学习形影不离。

很多人读书，追求的是干货，寻求的是立刻行之有效的解决方案。其实这是一种留在舒适区的阅读方法。在这个充满不确定性的年代，答案不会简单地出现在书里，因为生活根本就没有标准确切的答案，你也不能期望过去的经验能解决未来的问题。

湛庐阅读APP：与最聪明的人共同进化

有人常常把成本支出的焦点放在书价上，把读完一本书当作阅读的终结。其实不然。

时间是读者付出的最大阅读成本
怎么读是读者面临的最大阅读障碍
"读书破万卷"不仅仅在"万"，更重要的是在"破"！

现在，我们构建了全新的"湛庐阅读"APP。它将成为你"破万卷"的新居所。在这里：

- 不用考虑读什么，你可以便捷找到纸书、有声书和各种声音产品；
- 你可以学会怎么读，你将发现集泛读、通读、精读于一体的阅读解决方案；
- 你会与作者、译者、专家、推荐人和阅读教练相遇，他们是优质思想的发源地；
- 你会与优秀的读者和终身学习者为伍，他们对阅读和学习有着持久的热情和源源不绝的内驱力。

从单一到复合，从知道到精通，从理解到创造，湛庐希望建立一个"与最聪明的人共同进化"的社区，成为人类先进思想交汇的聚集地，与你共同迎接未来。

与此同时，我们希望能够重新定义你的学习场景，让你随时随地收获有内容、有价值的思想，通过阅读实现终身学习。这是我们的使命和价值。

湛庐阅读APP玩转指南

湛庐阅读APP结构图:

三步玩转湛庐阅读APP:

读一读▾

湛庐纸书一站买,
全年好书打包订

书城

听一听▾

泛读、通读、精读,
选取适合你的阅读方式

扫一扫▾

买书、听书、讲书、
拆书服务,一键获取

扫一扫

APP获取方式:
安卓用户前往各大应用市场、苹果用户前往APP Store
直接下载"湛庐阅读"APP,与最聪明的人共同进化!

使用APP扫一扫功能，
遇见书里书外更大的世界!

快速了解本书内容，
湛庐千册图书一键购买!

大咖优质课、
献声朗读全本一键了解，
为你读书、讲书、拆书!

你想知道的彩蛋
和本书更多知识、资讯，
尽在延伸阅读!

《技术的本质》（经典版）

◎ 湛庐文化圣塔菲书系著作！

◎ 复杂性科学奠基人、首屈一指的技术思想家、"熊彼特奖"得主布莱恩·阿瑟作品！

◎ 谷歌Java程序开发的灵感源泉！

◎ 技术理论体系的先河之作，前所未有的关于技术产生和进化的系统性理论！

使用"湛庐阅读"APP，"扫一扫"获取本书更多精彩内容
ISBN 978-7-213-08791-2

《创新跃迁》

◎ 哈佛商学院与斯坦福商学院的智慧碰撞，美国管理学会殿堂级巨擘迈克尔·塔什曼、查尔斯·奥赖利三世联袂打造。

◎ 与《创新者的窘境》双峰并峙的里程碑式管理学经典，失控时代的组织进化路线图。

◎ "右手利润、左手创新"的实践指南，把握技术周期的穿越手册。

使用"湛庐阅读"APP，"扫一扫"获取本书更多精彩内容
ISBN 978-7-220-10762-7

《试错力》

◎ 畅销书《卧底经济学》作者蒂姆·哈福德跨界力作！

◎ 公司版《物种起源》，伟大企业持续创新的竞争法则。

◎《黑天鹅》作者纳西姆·尼古拉斯·塔勒布，《怪诞行为学》作者丹·艾瑞里，《金融时报》美国版执行主编吉莉安·泰特，《福布斯》杂志执行主编迈克尔·诺尔鼎力推荐，《金融时报》《福布斯》《泰晤士报》《自然》联袂力荐！

使用"湛庐阅读"APP，"扫一扫"获取本书更多精彩内容
ISBN 978-7-213-08644-1

《重塑：信息经济的结构》

◎ "新经济丛书"首部著作，由信息经济先行者张翼成，复杂网络研究青年学者吕琳媛、周涛合力打造，是奠定新经济体系的思想基石！

◎ 阿里巴巴集团学术委员会主席曾鸣重磅推荐！信息社会50人论坛理事、阿里研究院高级顾问梁春晓，财讯传媒集团首席战略官、网络智酷总顾问、杭州师范大学阿里巴巴商学院特聘教授段永朝亲笔作序，鼎力推荐！

使用"湛庐阅读"APP，"扫一扫"获取本书更多精彩内容
ISBN 978-7-220-10663-7

图书在版编目（CIP）数据

重塑制造业. 实践篇 / （美）理查德·洛克
(Richard M. Locke)，（美）瑞秋·威尔豪森
(Rachel L. Wellhausen) 编著；廖丽华译. — 杭州：
浙江教育出版社，2018.11
  ISBN 978-7-5536-7455-1

  Ⅰ.①重… Ⅱ.①理… ②瑞… ③廖… Ⅲ.①制造工
业—工业发展—研究—中国 Ⅳ.①F426.4

中国版本图书馆 CIP 数据核字 (2018) 第 196639 号

上架指导：经济读物

浙江省版权局
著作权合同登记号
图字：11-2018-324

重塑制造业　实践篇
CHONG SU ZHIZAO YE　SHIJIAN PIAN
[美] 理查德·洛克（Richard M. Locke）瑞秋·威尔豪森（Rachel L. Wellhausen）编著
廖丽华　译

责任编辑： 赵清刚
美术编辑： 韩　波
封面设计： ablackcover.com
责任校对： 罗　曼
责任印务： 时小娟
出版发行： 浙江教育出版社（杭州市天目山路40号 邮编：310013）
　　　　电话：（0571）85170300-80928　　网址：www.zjeph.com
印　　刷： 北京富达印务有限公司
开　　本： 720mm × 965mm　1/16　　　　**成品尺寸：** 170mm × 230mm
印　　张： 17.25　　　　　　　　　　　　**字　　数：** 244千字
版　　次： 2018年11月第1版　　　　　　**印　　次：** 2018年11月第1次印刷
书　　号： ISBN 978-7-5536-7455-1　　　　**定　　价：** 79.90元

如发现印装质量问题，影响阅读，请致电 010-56676359 联系调换。